现代法学理论与实践探析

王鑫颖　李学燊　薛钢　著

辽宁大学出版社　沈阳

图书在版编目（CIP）数据

现代法学理论与实践探析/王鑫颖，李学燊，薛钢著. --沈阳：辽宁大学出版社，2024.9. --ISBN 978-7-5698-1744-7

Ⅰ.D90

中国国家版本馆 CIP 数据核字第 20241K4U18 号

现代法学理论与实践探析

XIANDAI FAXUE LILUN YU SHIJIAN TANXI

出 版 者：辽宁大学出版社有限责任公司
（地址：沈阳市皇姑区崇山中路 66 号　　邮政编码：110036）

印　刷　者：沈阳市第二市政建设工程公司印刷厂
发　行　者：辽宁大学出版社有限责任公司
幅面尺寸：170mm×240mm
印　　　张：15
字　　　数：200 千字
出版时间：2024 年 9 月第 1 版
印刷时间：2024 年 9 月第 1 次印刷
责任编辑：李珊珊
封面设计：徐澄玥
责任校对：吴芮杭

书　　　号：ISBN 978-7-5698-1744-7
定　　　价：88.00 元

联系电话：024-86864613
邮购热线：024-86830665
网　　　址：http://press.lnu.edu.cn

前　言

在日新月异、纷繁复杂的现代社会中，法律不仅是维护社会秩序、保障公民权益的坚实屏障，更是推动社会公正、促进和谐发展的重要力量。随着全球化的深入发展和我国社会主义法治建设的全面推进，法学理论与实践的价值日益凸显，其广度和深度都在不断拓展。因此，对于广大读者而言，掌握法学知识、理解法律精神、运用法律武器，已成为适应时代需求、实现个人发展的必备能力。

本书正是基于这样的背景和需求，为广大读者精心编写的一部法学知识读本。从法学的基础与理论开始，逐步深入，系统地探讨法的本质与作用、法律的基本范畴等核心议题，通过对这些议题的阐述，读者可以清晰地认识到法律在社会生活中的重要地位和作用，以及法律实践中的基本规律和原则。在法学知识的海洋中，本书不仅关注于国内法律的研究，还拓展到国际商法、公司企业法律框架等多个领域。通过对这些领域的分析，读者可以更加全面地了解法律在不同领域中的具体应用和实践。此外，还涉及刑法学原理与经济犯罪等议题，这些内容不仅具有深厚的学术价值，还具有很强的现实指导意义。

本书的价值不仅在于为读者提供法学知识，更在于引导他们思考法律背后的逻辑与价值，以及如何在实践中运用法律知识解决实际问题。通过阅读本书，读者可以更加深入地理解法律的精神和原则，更加自觉地遵守法律、维护法律，为推动我国社会主义法治建设贡献自己的力量。

  本书在写作的过程中得到许多专家学者的指导和帮助，在此表示诚挚的谢意。书中所涉及的内容难免有疏漏与不够严谨之处，希望读者和专家能够积极批评指正，以待进一步修改。展望未来，坚信法学理论与实践将不断创新，为社会的进步与发展提供坚实的法律保障。

目　录

第一章　法学基础与理论 …………………………………… 1

　　第一节　法的本质与作用 ………………………………… 1
　　第二节　法律的基本范畴 ………………………………… 6
　　第三节　法的运行与实施 ………………………………… 25

第二章　我国社会主义法的理论基础 …………………… 29

　　第一节　我国社会主义法的产生与本质 ………………… 29
　　第二节　我国社会主义法的制定与实施 ………………… 31
　　第三节　我国社会主义法制与法治探析 ………………… 47

第三章　现代国际商法理论与实践 ……………………… 72

　　第一节　国际商法与国内法的关系 ……………………… 72
　　第二节　国际商事主体法与行为法 ……………………… 75
　　第三节　国际商事监管法与救济法 ……………………… 97

第四章　公司与企业法律框架 …………………………… 106

　　第一节　公司与公司法律制度 …………………………… 106

第二节　合伙企业的法律架构与运作 …………………………… 130

　第三节　个人独资企业的法律规范 …………………………… 141

第五章　刑法学原理与经济犯罪 …………………………… 148

　第一节　刑法概论与基本原则 ………………………………… 148

　第二节　刑法的适用范围 ……………………………………… 161

　第三节　经济犯罪的种类与公司治理 ………………………… 168

第六章　大学生创新创业法律环境探析 …………………… 175

　第一节　法律制度对创业创新机制的作用 …………………… 175

　第二节　大学生创业过程的法律风险与防范 ………………… 181

　第三节　大学生创新创业相关的法律保障 …………………… 211

参考文献 …………………………………………………………… 231

第一章　法学基础与理论

第一节　法的本质与作用

一、法的本质

"本质"和"现象"是一对哲学范畴，事物的本质是相对于事物的现象而言的。本质是事物内在的、较为稳定的根本属性。它是从事物的纷繁复杂的现象中，由表及里，找出体现其本性、特性的规律。现象是外在的，人能直接感知；本质则是内在的，必须要经过抽象思维才能得出。任何事物的本质都是一个丰富的整体，不是单一的，不是一点、一线、一面，而是多方面、多层次、多规定性的统一。

"对于任何一个法律学习者来说，要想学习研究法律，首先必须要搞清一个问题，那就是什么是法，即法的本质问题。因为获得某种清晰明确的理论概念，进而形成相关的范畴、体系是进行学科研究的必经之路，法学的研究也理应如此。"[①]

[①] 赵柳欣. 法的本质研究 [J]. 焦作大学学报，2015，29（04）：87.

事物的本质是多层次的，也是不断发展变化的。就人们对事物本质的纵深认识过程而言，人对事物、现象、过程等的认识是从现象到本质、从不甚深刻的本质到更深刻的本质的深化的无限运动，是由所谓初级的本质到二级的本质，这样不断地加深下去以至于无穷。

如果说，法的第一层次本质是它的社会性（有人类社会才有法），那么，它的第二层次本质则深入到法的意志性（它是社会共同体的意志，或国家意志，或统治阶级意志，或人民共同意志的产物）。在阶级社会中始终存在着特殊的私人利益和公共利益的矛盾，为了反对特殊的私人利益，作为公共利益代表的国家就必须出面对私人利益进行干涉和约束，其实际措施就是把掌握国家政权的阶级的意志转化为"社会公意"，并且给予这种意志以国家意志即法律的一般表现形式。换言之，法所体现的国家意志是掌握政权的统治阶级的意志。

在理解法的阶级意志性时，有以下四个方面需要注意：

第一，法律所反映的统治阶级的意志是统治阶级的整体意志或共同意志，而不是统治阶级中某个人的意志。另外，由于法律本身的局限性，统治阶级的共同意志也并非全都表现为法律，它还可以表现为统治阶级的道德或执政党的政策。

第二，法律所反映的统治阶级的意志，并不意味着法律对统治阶级内部的违法犯罪就不加管束。实际上，任何社会在打击被统治阶级违法犯罪的同时，也对来自统治阶级内部的违法犯罪行为予以打击。

第三，法律作为反映统治阶级意志的工具，并不意味着它完全忽视被统治阶级的愿望与要求。实际上，法律在一定程度上确实需要考虑并照顾到被统治阶级的利益。这种考虑并不是与法律的阶级意志性相矛盾的，而是统治阶级为了维护社会秩序和稳定，在特定情况下对被统治阶级作出的一种策略性调整。法律对被统治阶级利益的照顾往往是被统治阶级通过反抗斗争争取的结果。统治阶级可能出于缓和阶级矛盾、维护社会和谐的考虑，在特定情况下对被统治阶级作出一定程度的让步。然而，这种让步通常局限于非根本性利益，其具体程度往往取决于统治阶级与被统治阶级之间的力量对比关系。

第四，法律反映统治阶级的意志，并不意味着法律不保护社会公共利益。任何一个社会都需要保护社会公共利益，诸如社会安全和社会秩序、促进经济发展、保护自然环境、人类生存延续等所必需的法。但是不能因此否认法的阶级意志性，因为法的阶级意志性也是就法的整体而言，不能单就某一部法律或某一个法条而论。

法的第三层次本质则是它的利益性。法不是超然于世的纯粹理念、教条，不论其是阶级的法还是全民的法，其共同意志的形成背后，都有共同利益的驱动，都是以维护一定的共同体、集团、群体的利益为动因。这种利益归根到底是决定于该时代的物质生活条件，受制于客观经济关系、法权关系及其客观规律的，而不能是个人的恣意妄为，否则将会受到客观规律的惩罚。

二、法的作用

法的作用，一般来说，是指法对人的行为、社会关系、社会生活所产生的影响。法律作为调整人们行为的规范体系，其生命在于实施，法的实施必然对个人和社会产生这样或那样的影响。由于法仅以人的外部行为为直接调整对象，不以人的内心世界为观察对象，因此，法的作用首先是对人的行为而发生的，进而作用于社会关系。按照法的作用的形式或手段与法的作用的内容或目的之不同，法的作用可以划分为法的规范作用和法的社会作用。

（一）规范作用

"法的规范作用是法通过对社会主体和社会关系调节发生影响来实现的，法的规范作用不是天然形成的，而是被立法者通过赋予、创设和设定的，不同的法规范是不同的国家政权、法的创制者在一定的社会背景下对法所赋予、设定的、要求的用来影响调节社会主体和社会关系的力量。"①

1. 指引作用

法的指引作用是指法律所具有的功能，它能够为人们的行为提供既定的模式，从而引导人们在法律允许的范围内从事社会活动。

法的指引作用主要通过明确人们的权利和义务，以及规定违反法律规定所需承担的责任来实现。根据指引的性质，可以将其分为强制性指引和任意性指引两类。

任意性指引则指法律上规定的行为模式是可选择的，即允许人们在法律框架内自行决定是否采取某种行为。这种指引旨在保护和鼓励人们从事法律所提倡或至少是允许的行为，给予人们更大的自由度。

法的指引作用是法律规范社会行为、维护社会秩序的重要机制。通过强制性指引和任意性指引的结合，法律既确保了基本的社会规范得到遵守，又为个人自由提供了适当的空间。

2. 预测作用

法的预测作用是指根据法的规定，人们可以预先知晓、估量相关主体（包括国家机关）之间将会怎样行为以及行为的后果，从而对自己的行为做出合理的安排。法的预测作用与法的指引作用紧密相关，两者的区别在于，法的指引作用是针对自己的行为，法的预测作用则针对人与人之间的互动关系。法的预测作用是建立在法的确定性、稳定性和连续性的基础之上的，正是法的这种确定性、稳定性和连续性为人们进行相互间的行为预测提供了可能。

---

① 董雪鹏. 论法的规范作用在法律作用中的有限性［J］. 法制与经济，2016（12）：204.

3. 评价作用

法的评价作用是指法律作为一种规范性工具，具备衡量和评价人的行为是否合法或有效的能力。这一功能是法律体系中不可或缺的一部分，它确保了法律规范能够得到正确实施和遵守。

评价作用的对象涵盖了所有具有法律意义的行为，无论这些行为是由个人、组织还是国家机关所进行。法律通过明确合法性的标准，为评价行为提供了客观的依据。这种评价可以是正式的，如司法审判中的法律适用；也可以是非正式的，如社会公众对某一行为是否符合法律规范的普遍看法。

法律的评价作用不仅有助于维护法律的权威性和严肃性，还能够引导社会成员形成正确的法律意识，促进社会正义和秩序的实现。通过对行为的合法性评价，法律能够对符合规范的行为予以确认和保护，对违反规范的行为予以制止和惩处。

4. 教育作用

法的教育作用是指通过法律的规定和实施，影响人们的思想，培养和提高人们的法律意识，引导人们积极依法行为的功能。法的教育作用的实现主要有两种形式：一是通过对各种违法行为特别是犯罪行为的制裁，使违法行为者（包括犯罪者）和其他社会成员受到教育，在自己以后的行为中自觉服从法律，依法办事；二是通过对各种先进人物、模范行为的嘉奖与鼓励为人们树立良好的法律上的行为楷模。

5. 强制作用

法的强制作用是指法律运用国家强制力保障法律得以充分实现的功能。法的强制作用对象是违法者的行为。法律必须保留强制作用，对违法者施以惩戒，才能使被破坏的社会秩序得以恢复。因此，法的强制作用是法律不可缺少的重要作用，也是法的其他作用的保障。没有强制作用，指引作用就会降低，评价作用就会在很大程度上失去意义，预测作用就会被怀疑，教育作用的功效也会受到严重的影响。

(二) 社会作用

法的社会作用是指法律对社会产生的影响和意义，它在社会生活中扮演着至关重要的角色。法的社会作用主要体现在以下三个方面：

第一，建立和维护经济基础。法律根源于经济关系，同时又对经济关系产生反作用，成为服务和调整经济关系的重要工具。法律通过确认和维护有利于掌握国家政权阶级的经济基础，反映经济规律，促进生产力的发展，从而服务于特定的经济结构和需求。

第二，建立和维护政治秩序。在政治领域，掌握国家政权的阶级利用法律来确立国家的政治格局，确认和维护国家政权的性质和组织形式，规定国家机关的组织和活动原则，确保国家机构的正常运行。法律在维护政治秩序时，需要平衡统治阶级内部的权利要求，处理统治阶级与同盟阶级之间的权力分配，同时有效预防和应对被统治阶级对现有秩序的挑战。

第三，执行社会公共事务。社会公共事务指的是具有全社会意义的事务，其内容和范围随着社会发展的阶段而变化。随着社会生产力的提升和社会制度的演进，法律在执行社会公共事务方面的作用日益增强，其在国家法律体系中的重要性也在不断提升。

法律的社会作用是多维度的，它不仅反映了特定阶级的利益，也是社会秩序和进步的重要保障。通过法律的制定和实施，可以促进经济的健康发展，保障政治稳定，以及满足社会公共事务的需求。

第二节 法律的基本范畴

法律的基本范畴是指构成法律体系的基础概念和原则，它们是理解和分析法律问题的关键。以下是一些法律的基本范畴：

一、法律渊源

法律渊源是一个多义词，其含义可以从多个角度来理解，包括法律的历史渊源、本质渊源、理论渊源、效力渊源和形式渊源等。"法律渊源传统上指的是法律的表现形式。"[①] 在法学界，特别是在国内法学界，"法律渊源"一词主要指的是法律的形式渊源，即法律的具体表现形式。

法律渊源指的是由有立法权的国家机关所制定的、具有不同法律效力和法律位阶的规范性法律文件的总和。这些文件构成了法律体系的基础，并为法律的适用和解释提供了依据。

在理论上，法律渊源可以进一步区分为正式法律渊源和非正式法律渊源：

正式法律渊源指的是通过国家立法程序制定，并被确认具有直接法律效力或约束力的规范性法律文件。

非正式法律渊源则包括那些未经国家立法程序确认其法律效力，但在司法实践中却具有实际影响和参考价值的裁判依据，如政策、习俗、道德观念和法学原理等。

法律渊源的区分有助于更好地理解法律的构成和运作机制，以及不同来源的法律规范在法律实践中的作用和重要性。

（一）法律渊源的形式

在不同的历史时期或不同的国家或地区，法律渊源有着各种不同的表现形式，概括讲有以下五种主要形式：

[①] 陈景辉. 法律渊源：这个概念如何有意义？[J]. 北京大学学报（哲学社会科学版），2024，61（03）：154.

1. 习惯法

习惯法是人类社会早期法律的主要形式渊源，在现代社会的某些国家和地区，习惯法依然是一种重要的法律渊源。所谓习惯法，即指那些被国家赋予了法律上强制执行效力的习惯规则。这些习惯规则是人们在长期的生产和生活中自发形成并被社会广泛认可的，其原本就存在于社会中，经由国家对其的认可取得了法律上的约束力而从习惯成为习惯法。

2. 制定法

制定法是指享有立法权的国家机关创制的，系统的、条文化的、书面形式的具有普遍约束力的行为规范。制定法是大陆法系国家主要的法律渊源。制定法在中国一直是主要的法律渊源，在古代有律、令、格、式等不同种类。

3. 判例法

判例是指司法机关对案件所作的裁判典例，其本身仅对该个案具有拘束力。但该判决内含的裁判规则如果被以后同类案件所援引或适用，该判例即转化为判例法。从判决到判例再到判例法，使原判决具有了普遍的约束力。判例法是英美法系国家主要和正式的法律渊源。

4. 协议法

协议法是指通过双方或多方协商产生的，对参与达成协议的各方都有约束力的法律形式。协议法在当代是国际法的主要法律渊源，随着全球化的步伐不断加快，协议法的数量也将逐年增加。

5. 学理法

学理法是存在于古代社会和国家的一种正式的法律渊源，指的是赋予法学家对法律问题所表达的权威性主张、见解或学说观点以法律效力的一种法律形式。现代世界各国都普遍否定法学理论和学说具有直接的法律效力。

(二) 我国的法律渊源

1. 宪法

宪法是我国最主要的法律渊源，在法律渊源体系中处于最高的核心地位，具有最高的法律效力。宪法是制定其他一切法律、法规的依据，一切其他法律、法规等都应具有合宪性，不得与宪法原则和规定相违背。

2. 法律

法律是由全国人民代表大会及其常务委员会依照特定的立法程序制定的规范性法律文件。在法律体系中，其地位和效力仅次于宪法。法律分为基本法律和一般法律两种类型。

基本法律通常涉及国家治理的基本方面，例如民法、刑法、诉讼法等。

一般法律是指除基本法律之外的其他法律，它们由全国人民代表大会常务委员会制定和修改。一般法律规定和调整的是国家和社会生活中某一方面较具体的问题和关系，其适用范围和调整对象相对基本法律而言更为特定，例如食品卫生法、产品质量法等。

法律的这种分类有助于明确不同法律文件的立法权限、适用范围和调整对象，确保法律体系的有序性和协调性。

3. 行政法规

行政法规，是由国务院根据宪法和法律，在其职权范围内制定的有关国家行政管理活动的规范性法律文件，其地位和效力仅次于宪法和法律。国务院所属各部门根据宪法、法律和行政法规制定的规范性法律文件称为行政规章或者部门规章，它也是我国重要的法律渊源。

4. 地方性法规与地方规章

地方性法规是指省、自治区、直辖市以及这些行政区域的人民政府所在地的市、国务院批准的较大的市、设区的市的人民代表大会及其常务委员会制定的，仅适用于本行政区域的规范性法律文件。设区的市的人民代表大会及其常务委员会仅在城乡建设与管理、环境保护、历史文化保护等特定领域内，有权制定地方性法规。

地方性法规的法律效力位于宪法、法律和行政法规之下，其规定只在本行政区域内产生法律效力。

此外，地方规章是指省、自治区、直辖市人民政府以及这些行政区域的人民政府所在地的市、经济特区所在地的市和国务院批准的较大的市的人民政府，依据法律、行政法规的授权所制定的规范性文件。这些规章的具体表现形式包括规程、规则、细则、办法、纲要、标准、准则等，旨在对相关法律、行政法规的具体实施提供执行性或补充性的规定。

地方规章与地方性法规相辅相成，共同构成了中国法律体系中的重要部分，确保了法律规范在地方层面的适应性和可操作性。

5. 自治法规

自治法规，是指民族自治地方的自治机关根据宪法和法律制定的自治条例和单行条例。自治条例是指规定关于本自治区实行民族区域自治的基本组织原则、机构设置、自治机关的职权、工作制度以及其他重大问题的规范性法律文件。单行条例是根据自治权制定的调整自治区某一方面事项的规范性法律文件。

6. 国际条约

国际条约，是指两个或者两个以上的国家，关于政治、经济、文化、贸易、法律以及军事等方面，规定其相互之间权利和义务的各种协议的总称。国际条约的名称很多，除条约之外，还有公约、协定、和约、盟约、议定书、换文、宣言、声明等。这些国际条约经我国最高权力机关批准和我国政府声明承认、参加后，即在我国国内具有法律效力，从而成为我国的法律渊源之一。

7. 其他法律渊源

我国的法律渊源广泛，还包括以下正式的法律渊源：

（1）军事法规，这是指由中央军事委员会根据宪法和法律制定的，用于调整和规定我国国防建设和军事方面关系的规范性法律文件。这些法规对于确保国家的安全和军事力量的发展具有重要的作用。

（2）特别行政区的法，这是指在"一国两制"的原则下，由特别行政区立法机关根据特别行政区基本法制定和通过的，适用于特别行政区的规范性法律文件。这些法律文件在维护特别行政区的高度自治权、保障居民的合法权益、促进特别行政区的繁荣稳定等方面发挥着重要作用。

（3）经济特区法规，这是指我国经济特区根据全国人民代表大会及其常务委员会的授权，结合经济特区的实际情况，制定的规范性法律文件。这些法规旨在促进经济特区的改革开放和经济发展，为经济特区提供法律保障。

这些法律渊源共同构成了我国完整的法律体系，为国家的法治建设提供了坚实的法律基础。同时，这些法律渊源也体现了我国法律的多样性和灵活性，能够满足不同领域、不同地区的特殊需求。

二、法律效力

法律效力，从广义讲是指一切法律文件所具有的法律上的约束力和强制力；从狭义讲则是指规范性法律文件的生效范围或适用范围，即规范性法律文件在什么时间、什么空间范围内对什么人、什么事适用。以下主要阐述的是狭义的法律效力。

法律在一定的范围内适用并且具有约束力，这是法与其他社会规范的根本区别，也是法作为一种特殊社会规范的构成条件之一。从这种意义上来说，法律效力表现着法的权威性，它为社会秩序的建立提供权威的指引，也为这种秩序的实现提供强有力的保护。同时，法律效力也体现了法存在的形式正当性，即其约束力或强制力来源于合法立法程序的认可。

（一）法律效力的等级层次

由于制定法律的主体、时间和适用范围的不同，导致法律呈现出效力级别高低的不同，从而形成了法的效力的等级体系。

我国以及大陆法系国家由于以成文法为法的主要渊源形式，因而形成了一个以宪法为最高地位，以其他法律为基础的金字塔形的法律位阶体系。而在以判例法为主要法律渊源形式的英美法系国家，其审判等级对法律效力位阶的影响则更为重要。

我国的法律，以宪法为核心，以制定法（成文法）为主要渊源。在这种法律体系中，法律效力的位阶，主要由制定法律的立法主体的地位、法律的适用范围和法律制定的时间这三个因素来决定。

我国确定法律效力位阶的基本原则如下：

第一，宪法至上的原则。宪法是我国的根本大法，在我国的法律体系中具有至高无上的法律地位，其法律效力级别最高。一切法律、法规都不得与宪法相抵触，其法律效力也都在宪法之下。

第二，上位法优于下位法的原则。这是根据立法主体地位的不同来确认法律效力等级的原则。具体讲就是宪法的效力在所有法的效力之上，对其他法律法规来说，上一级立法主体制定的法律效力，均高于下一级立法主体制定的法律的效力。同位阶的法律具有同等的法律效力。

第三，特别法优于一般法的原则。特别法是指根据特殊情况和需要，适用于调整某种特殊社会关系，或在特定的时间、地域范围内适用的法律规范。特别法和一般法的划分是相对而言的。适用特别法优于一般法的原则有一个前提，即所指的特别法和一般法必须是同一机关制定的法律或处于同等效力级别的法律。

第四，新法优于旧法的原则。在具有同样的内容和同等效力级别的法律之间，后制定的法律在适用上优先于先前制定的法律，即后法应予优先适用。这一原则同时也说明，在具有传承关系的新旧两个法律之间，新法生效便自然取代了先前旧法的法律效力。

第五，国际法优先的原则。国际法优先原则是指对一个主权国家承认或加入的国际条约或国际惯例来说，该国的国内法律规范不得与此国际条约或国际惯例相抵触，且该国际条约或国际惯例相对于国内法来说应予优先适用。但在我国，国际法优先于国内法适用的前提是相关国际条约或惯例已被我国所承认或加入，并转化为国内法的一部分。

(二) 法律的效力范围

法律的效力范围，指法对什么人、在什么时间和什么空间范围发生约束力和强制力的问题。法律的效力范围，包括法的时间效力范围、法的空间效力范围、法对人的效力范围三方面的内容。

1. 时间效力范围

法律的时间效力，包括了法律生效的时间、效力终止的时间以及法律的溯及力问题。

(1) 法律生效的时间。法律生效的时间就是制定法何时起发生法律效力的问题，主要有以下两种情况：

第一，自法律公布之日起生效。这分为两种情况：一是该法律中没有规定其开始生效时间，而由其他法律文件宣告自公布之日起生效；二是由该法律明文规定自公布之日起生效。

第二，明文规定该法律颁布后达到一定期限后生效。这也分为两种情况：一是该法明文规定达到一定期限后生效；二是由其他法律文件规定该法的具体生效时间。

(2) 法律效力终止的时间。法律效力终止是指因法律被废止，导致其法律效力消灭的情形。法律废止通常分为明示废止和默示废止两种情形。明示废止是指在新法或其他法令中明确声明废止某一现行法律。默示废止则是指在没有明文规定废止原有法律的情况下，由于司法实践中新旧法律冲突，适用新法而使旧法的效力实际上被废止。

一般而言，法律在制定后需要经过正式公布才能施行，同样地，在废止某项法律时，也应当是明确而具体的。因此，现代各国普遍通过立法程序来明确废止某项法律。

在我国，法律效力终止主要发生在以下情况：

第一，新法公布施行后，与之相冲突的原有法律自动丧失效力。

第二，新法中明确规定废止旧法。

第三，有关机关通过发布专门的决议或决定来宣布废止某些法律，自宣布之日起该法律停止生效。

第四，法律本身规定了有效期限，当期限届满且没有延期规定时，自行停止生效。

第五，某些法律因已完成其历史任务而自然不再适用。

法律效力的终止是法律发展和完善的正常组成部分，确保了法律体系的时效性和适应性。

（3）法律的溯及力问题。法律的溯及力是指法律溯及既往的效力，即指新法颁布以后对其生效以前所发生的事件和行为是否适用的问题。如果适用，该法就有溯及力；如果不适用，该法就不具有溯及力。

人们遵守或执行法律的前提是人们行为时知道或者应当知道法律的存在和内容，不能要求人们遵守还没有制定出来的法律。现代社会的法治原则要求，法只能调整和约束其生效后的行为，因此世界各国普遍认为，法律不应具有溯及既往的效力。

由于刑法调整对象的特殊性和连续性，世界大多数国家在刑法中都有条件地保留了刑法的溯及力。确认刑法的溯及力通常适用以下原则：

第一，从旧原则，即认定新法没有溯及力。

第二，从新原则，即肯定新法有溯及力。

第三，从新兼从轻原则，即在原则上肯定新法有溯及力，但如果旧法的处罚较新法轻，就按旧法处理。

第四，从旧兼从轻原则，即首先认为新法没有溯及力，但如果新法不认为是犯罪或新法对行为人的处罚较轻时就适用新法。从旧兼从轻原则是现代各国刑法普遍采用的原则，我国刑法也采用这一原则。

2. 空间效力范围

法律的空间效力，也称为法律的地域效力，指的是法律生效的地域范围，即在哪些地域内法律具有约束力。根据国家主权原则，一国的法律在其主权管辖的全部领域内都具有约束力。

法律效力的地域范围，首先涵盖了一个国家的领陆、领水、领空以及底土等组成的全部领土。此外，法律的空间效力还扩展到一些延伸意义上的领土，包括本国驻外的大使馆、领事馆，以及在国际水域或他国领土上的本国船舶和飞行器。这些地方虽然物理上位于境外，但在法律上被视为国家领土的一部分，因此同样适用国内法律。

对法律空间效力的界定，体现了国家对其领土内所有领域行使管辖权的主权属性，确保了法律的统一性和权威性。

3. 对人的效力范围

法律对人的效力，是指法对哪些人适用或有效。世界各国在确认法对人的效力范围时，通常采用以下原则：

（1）属人主义原则，即法只对具有本国国籍的公民和在本国登记注册的法人适用，而不论他们在本国领域内或在本国领域外。外国人即使在本国境内犯法，也不适用本国法。

（2）属地主义原则，又称领土主义原则，即凡在本国领域内的所有人都适用本国法，而不论是本国人还是外国人，本国人如不在本国领域内也不受本国法的约束和保护。

（3）保护主义原则，即以保护本国利益为基础，任何人只要损害了本国利益，不论损害者的国籍和所在地域在哪里，均受该国法的追究。

（4）以属地主义为主、以属人主义和保护主义为补充的折中主义原则。这是近代大多数国家所采用的原则。我国法律在确认对人的效力时也采用"以属地主义为主、以属人主义和保护主义为补充"的原则。依据这一原则我国法律对人的效力具体表现为以下两个方面：

一方面，对我国公民的效力。有两种情况：①我国公民在我国领域内一律适用中国法律；②中国公民在中国领域外原则上仍受中国法律的保护和约束，但在适用法律时必须满足一定的条件。

另一方面，对外国人的效力。也有两种情况：①我国领域内的外国人和无国籍人，除法律另有规定外（如享有外交特权和豁免权应通过外交途径解决），一律适用我国法律，即我国法律既保护其合法权益，也追究其违法责任；②我国领域外的外国人，如果侵害了我国国家或公民的权益，或者与我国公民产生法律关系，原则上也应适用我国法律规范，但也必须满足一定的条件。

三、法律关系

法律关系，是指法律规范在调整人们行为或社会关系的过程中所形成的人们之间的权利与义务关系。首先，法律关系本质上是一种社会关系，即人与人之间的关系。然而，法律关系并非一般的社会关系，而是一种特殊的社会关系，其特殊性在于它是以权利与义务为核心的人与人之间的关系。

根据不同的标准，法律关系可以划分为不同的类别，如一般法律关系和具体法律关系、绝对法律关系和相对法律关系、平权性法律关系和隶属性法律关系、调整性法律关系和保护性法律关系等。

法律关系是人与人之间的思想意志关系。社会关系可以划分为物质关系和思想意志关系，前者如生产关系，是不依赖于人的意志而产生和形成的关系；而后者，如法律关系，则是人们有目的、有意识建立和形成的关系。法律关系之所以被视为思想意志关系，是因为其建立在法律规范之上，而法律规范又是国家意志的体现。此外，法律关系参与者的意志对于法律关系的建立和实现也起着至关重要的作用。

（一）法律关系的特征

第一，法律规范是法律关系产生的前提。没有相应的法律规范的存在，就不可能产生法律关系。法律关系是因法律调整，并根据法律规范规定而建立起来的社会关系。众多的社会关系并非都是法律关系，社会关系能否成为法律关系，取决于国家是否对其进行法律调整。被法律调整的社会关系就具有不同于一般社会关系的国家意志性和国家强制性等特点和属性而成为法律关系。由于法律只调整那些主要或重要的，即对社会秩序的确立和维护具有基本意义的社会关系，社会关系能否因法律的调整而成为法律关系，主要取决于该社会关系的重要性程度。

第二，法律关系是人们之间的权利与义务关系。法律关系区别于其他一般社会关系的另一个特点是，法律关系是以权利与义务的方式来确认人们关系的。法律关系中的权利与义务，是由法律规范规定的，但法律规范中规定的权利与义务只是一种抽象的可能性，是主体能够做或应该做的行为模式，它并不表明主体实际具有了这种权利和义务。只有当人们依照法律所规定的行为模式，做出或未做出一定行为或某种法律上规定的情况发生时，人们之间才可能形成某种现实具体的法律关系，此时法律规范为这种法律关系所预先设定的权利和义务才成为现实。现实生活中，人们实际所具有的权利和义务，是以法律规范所设定的可能的权利和义务为前提的。

第三，法律关系是以国家强制力作为保障手段的社会关系。国家对某种社会关系的法律调整，体现着国家对该行为的态度，由此所建立或形成的法律关系当然也是国家意志的体现，也是由国家政权的力量来保证实施的。事实上，社会关系上升为法律关系，其意义不仅在于它具有实现的必要性，而且更在于用法律手段调整这种关系的必要性，即需要以国家强制力来保证这种社会关系的确立和实现。

(二) 法律关系的构成

1. 主体

法律关系的主体是指法律关系的参加者，即法律关系中权利的享有者和义务的承担者。作为法律关系必不可少的构成要素之一，法律关系的主体具有法定性，即什么人可以充当何种法律关系的主体，是由国家法律规定，而非自发或任意形成的。不同历史时期、不同国家的法律规定，使得法律关系的主体有所不同。例如，在古代社会，奴隶被视为奴隶主的财产，在法律上被归类为法律关系的客体，因此无法成为法律关系的主体。

法律关系主体通常包括三大类：自然人、法人和国家。

关于法律关系主体的权利能力和行为能力，它们是成为法律关系主体的法定条件或资格。不具备这两个条件或资格的人，不能成为特定法律关系的主体。权利能力是指法律关系主体依法享有一定权利并承担相应义务的资格或能力，其取得、限制和丧失都由法律规定。行为能力则是指法律关系主体能够依自己的意志，通过自己的行为享有权利和履行义务的能力。

公民或自然人的行为能力通常与其年龄及精神健康状态相关。各国法律一般将公民的行为能力划分为三种：完全行为能力人、限制行为能力人和无行为能力人。

法律关系主体的行为能力和权利能力密切相关，但二者也存在差异。自然人的行为能力与权利能力有时可能分离，即拥有权利能力的人并不一定具备行为能力；而法人的权利能力和行为能力则是同时产生、同时灭失的。一旦法人依法成立，即同时拥有权利能力和行为能力，而一旦依法撤销，其权利能力和行为能力也同时消失。

2. 客体

法律关系的客体，就是法律关系主体的权利义务所指向的对象。法律关系的客体是法律关系的基本构成要素之一。法律关系客体须具有如下属性：

（1）客观性。作为法律关系的客体，必须是那些在现实物质世界真实存在的事物，而不能是虚构的。

（2）可控性。作为法律关系的客体，必须是人类能够认识和把握或控制的事物。人类不能认识和把握的事物当然也不可能被法律所规定和调控。

（3）法定性。作为法律关系的客体，必须是得到国家法律确认和保护的。

（4）价值性。作为法律关系的客体，必须对人类的生产、生活具有价值，对社会的法律调整具有意义；若没有一定的价值和意义就没有必要用法律来调整，也就不可能成为法律关系的客体。

我国法律关系的客体，主要包括物、智力成果、行为等。

3. 内容

法律关系的内容，即法律关系主体所享有的法律上的权利和义务。法律权利，指的是法律所保护的权利和自由，即国家通过法律规定，赋予法律关系主体自主决定做出某种行为或要求他人做出某种行为的许可和保障。法律权利的定义包括：一是权利人自主决定做出一定行为的权利；二是权利人要求他人履行一定法定义务的权利；三是当权利人的权利受到侵犯时，请求国家机关予以保护的权利。

权利与义务紧密相连，权利的实现和保障离不开义务的履行。法律义务，指的是国家通过法律规定，对法律关系主体行为的一种约束，即要求法律关系主体必须做出一定行为或不得做出一定行为。由于权利代表利益，而义务代表责任，因此权利人可以放弃其法定权利，但义务人不能放弃或拒绝履行其法定义务。

义务可以进一步分为积极义务与消极义务：积极义务是指法律要求义务人必须主动做出某种行为；而消极义务则是指法律要求义务人不得做出某种行为。

4. 法律关系的形成、变更和消灭

法律关系的产生，有赖于法律规定的存在这一前提条件，除此之外还有赖于特定法律事实的出现。法律事实是法律规定的引起法律关系形成、变更和消灭的客观事实和情况。法律事实是法律使某一权利的取得、丧失或变更赖以发生的条件。相对于法律规定这个前提条件而言，法律事实对特定法律关系的形成、变更和消灭更为直接。

法律规定是一般抽象法律关系产生的间接原因，而法律事实则是特定具体法律关系形成。变更和消灭的直接原因。法律规定中的可能性，只有在法律事实出现之后才能成为现实。

法律事实可以分为这些类型：法律事件与法律行为、肯定的法律事实和否定的法律事实、单一的法律事实和复合的法律事实、一次性作用的法律事实和连续性作用的法律事实等。

四、法律责任

法律责任有广狭两义：广义的法律责任是指任何组织和个人都有遵守法律的义务，都应自觉维护法律的尊严；狭义的法律责任是指行为人由于违反法定义务而应承担的某种不利后果。法学理论和司法实践中所说的法律责任，通常是指狭义的法律责任。依据一定的标准，可以把法律责任分违宪责任、民事责任、行政责任、刑事责任。

（一）法律责任的本质

法律责任的本质，深植于法律制度的核心，反映了社会共同体对个体行为的规范期待和利益平衡。它不仅是法律秩序不可或缺的一部分，更是维护社会公平正义的重要工具。在探讨法律责任的本质时，需要将其置于整个法律体系和法律实践的背景之下，深入理解其背后的社会价值和制度逻辑。

法律责任的本质，表现为一种利益平衡机制。在复杂多变的社会关系中，个体利益与集体利益、社会利益、国家利益时常产生冲突。法律责任的设立，旨在通过规范个体行为，平衡各方利益，确保个体在追求自身利益的同时，不损害他人和社会的利益。这种利益平衡的实现，不仅依赖于法律的明确规定，更依赖于法律责任的追究和执行。

法律责任是国家对违法行为的一种否定性评价和制裁。违法行为破坏了社会共同体所期待的秩序和利益平衡，因此，国家通过法律责任的追究，对违法行为进行否定性评价，并采取相应的制裁措施，以恢复被破坏的法律秩序和利益平衡。这种否定性评价和制裁，不仅体现了国家对违法行为的严厉态度，也彰显了法律在维护社会公平正义方面的权威和力量。

法律责任是促使法律主体合法行使权利、自觉履行义务的重要制度保障。通过追究法律责任，国家不仅能够对违法行为进行制裁，更能够引导法律主体树立正确的权利义务观念，自觉遵守法律规定，维护法律秩序。这种制度保障作用，使得法律责任成为法律体系中不可或缺的一部分，对于维护社会和谐稳定、促进法治建设具有重要意义。

法律责任的本质决定了其法定性和国家强制性。法律责任的追究和执行，必须依据国家法律的规定进行，由国家机关依法行使职权，确保法律责任的公正性和权威性。同时，法律责任的追究和执行，也必然得到国家强制力的保障，以确保法律责任的实现和有效执行。这种法定性和国家强制性，使得法律责任成为维护社会公平正义、保障法律秩序的重要制度工具。

（二）法律责任的归责

法律责任的归责是指由特定国家机关或授权机关依法对行为人的法律责任进行判断和确认的活动。这种活动是在特定的原则指导下进行的。这些原则体现着法律制度的价值取向，它既引导着法律责任的立法，也指导着法律实践中对法律责任的认定和归结。归责法律责任必须遵守下述原则：

第一，责任法定原则。责任法定原则是指作为一种否定性的法律后果，有关法律责任的一系列要件都应由法律预先设定，特定机关只能在法律预先设定的范围内认定行为人的法律责任。责任法定原则表明，什么人、在什么情况下、做出或未做出一定行为，应承担什么法律责任，以及什么机关依照什么程序和原则来归结、认定和追究行为人的法律责任，都应该由法律事先明文规定。任何人和组织都无权在法律规定之外认定和追究行为人的法律责任。

第二，责任相称原则。责任相称原则是指行为人应承担的法律责任的性质、种类以及程度，应该与行为人违法行为的性质及其造成的后果相适应。这一原则反对轻罪重罚，重罪轻罚。它要求有责当究，无责不究，轻罪轻罚，重罪重究，罚当其罪。

第三，责任自负原则。责任自负原则是指法律责任只能由违法行为人自己来承担，而与其他人无关。追究违法者法律责任时，不能无辜株连那些与违法行为无关的违法者的亲属、配偶、子女等，不能损害这些人的合法权益。法律责任自负原则是对古代连坐和株连制度的否定和批判，它不仅是一项归责原则，也是现代法治社会的一般原则。

第四，责任平等原则。责任平等原则是"法律面前人人平等"这一法治原则在法律责任制度中的体现。作为法治社会的一般原则，法律面前人人平等贯穿于执法、司法和守法的全过程，而责任平等原则就是法律面前人人平等原则在这一过程中的具体表现。它要求适用法律认定和追究法律责任时,应该对所有的人一律平等,任何机关和个人都不能享有法外特权,包括如果党和国家的领导人违法犯罪亦要追究其法律责任。同时,任何人也都不应受到法外追究,包括违法者的家属和亲属等。

(三) 法律责任的免责

法律责任的免责是指行为人原本应承担的法律责任,在特定情况下,因满足法定的免责条件而被部分或全部免除。免责并非意味着行为人原本不应承担法律责任,而是建立在法律责任已经成立的基础之上,即在出现法律规定可以免除责任的事由时,行为人被免除继续承担法律责任。

免责的法定事由主要包括:①时效免责,即因时间经过而使行为人免除法律责任;②不诉免责,指因受害人未提起诉讼而免除行为人的法律责任;③主体死亡免责,即行为人因死亡而不再承担法律责任;④赦免免责,基于国家的特别决定而免除行为人的法律责任;⑤因履行不能而免责,指因客观原因导致行为人无法履行法律义务而被免除相应责任;⑥以及自首或立功免责,指行为人因自首或立功表现,在法律规定下被减轻或免除法律责任。

五、法律制裁

法律制裁,是指特定国家机关依照法定职权和程序对责任主体依其应负的法律责任而实施的强制性惩罚措施。它是实现法律责任的重要和基本的方式。通过这种强制性惩罚措施的运用,使违法行为人的违法行为受到惩罚,使受到侵犯的权利和利益得到赔偿和补偿,同时教育违法者及其他社会成员,达到纠正违法和预防犯罪的目的。

(一) 法律制裁的特征

法律制裁以法律责任为前提,它是追究法律责任的直接法律后果;没有法律责任就没有法律制裁,法律责任是由法律规定或授权的国家机关来实施的,其他任何机关、组织和个人均无权实施法律制裁;法律制裁必须依照法定的职权和程序进行,任何逾越法定程序的制裁都是无效的。

(二)法律制裁的分类

法律制裁可分为违宪制裁、刑事制裁、民事制裁与行政制裁。

违宪制裁,是责任主体因其违宪行为所应承担的宪法法律责任而被施加的强制性惩罚措施。违宪制裁的对象主要是行为(如撤销、罢免等),实施违宪制裁的主体通常是宪法法院或最高法院。在我国,全国人大及其常委会负责行使违宪审查权和采取违宪制裁措施。

刑事制裁,又称刑罚,是责任主体因其犯罪行为所应承担的刑事法律责任而被施加的强制性惩罚措施。刑事制裁主要针对的是犯罪者的人身、生命和财产,其制裁主体仅限于法院。

民事制裁,是责任主体因其违反民事法律义务所应承担的民事法律责任而被施加的强制性惩罚措施。民事制裁的对象包括人身、财产和行为,其制裁主体同样只能是法院。

行政制裁,是指责任主体因其违反行政法律义务所应承担的行政法律责任而被施加的强制性惩罚措施。行政制裁包括行政处分和行政处罚两种形式,主要针对的也是人身、财产和行为。行政制裁的主体通常是行政机关。值得注意的是,行政处分的对象是国家机关工作人员,而行政处罚的对象则是行政管理行为的相对人。行政制裁的实施必须以违反行政法规的义务为前提。

第三节 法的运行与实施

一、法的运行

法的运行，是法治社会建设的核心动力，它承载着将法律从文本转化为现实，从抽象走向具体的重任。这一过程不仅涉及法律的制定、实施、遵守、执行、适用和监督，更在不断地法律教育和普及、法律改革和完善中，构筑起法治社会的坚实基石。"借助法律概念，立法者才能制定立法文件，司法者才能对事物进行法律分析并作出司法判断，老百姓才能认识法律，法律研究者才能研究、评价法律。以此避免了在法律运行中不必要的争论与混淆，从而促进了法的运行的效率性与正确性。"[①]

（一）法律制定：法的运行的起点

法律制定，即立法，是法的运行的逻辑起点。它是法律从无到有的过程，是法律规范的诞生地。在这一阶段，立法机关或有提案权的个人、团体，根据社会发展的需要和人民的意愿，提出法律草案，经过审议、表决、公布等程序，最终形成具有普遍约束力的法律规范。立法工作的严谨性、科学性和民主性，直接关系到法律的质量和实施效果。

（二）法律遵守：法的运行的基础

法律遵守，即守法，是法的运行的基础。它要求所有社会成员，包括个人、组织和国家机关，都应当尊重法律、遵守法律、维护法律。守法不仅是法律实施的必要条件，更是法治社会建设的重要基石。只有当法律得到普遍遵守，法律的权威和尊严才能得到维护，法治社会的目标

[①] 张国妮. 论在法的运行中法律概念的界定 [J]. 社科纵横, 2012, 27 (03)：57.

才能实现。

（三）法律执行：法的运行的关键

法律执行，即执法，是法的运行的关键环节。它涉及国家机关及其公职人员依法行使职权，确保法律得到实际执行。执法活动的有效性、公正性和权威性，直接关系到法律的实施效果和社会秩序的稳定。在执法过程中，必须严格遵循法定程序，确保执法的公正性和合法性。同时，执法机关还应不断提高执法效率，确保法律能够及时、有效地得到执行。

（四）法律适用：法的运行的实现

法律适用，即司法，是法的运行的实现阶段。它涉及司法机关根据法律规范解决纠纷和冲突，维护社会公正和公平。司法活动的公正性、公平性和效率性，直接关系到法律的权威和尊严。在司法过程中，司法机关必须依法独立行使职权，不受任何行政机关、社会团体和个人的干涉。同时，司法机关还应注重法律解释和法律推理，确保法律适用的准确性和合理性。

（五）法律监督：法的运行的保障

法律监督是法的运行的保障机制。它涉及对立法、执法、司法等法律活动的合法性、公正性和有效性进行监督和检查。法律监督的目的是确保法律得到正确实施和遵守，防止和纠正违法行为。在法律监督过程中，必须注重监督的公正性和有效性，确保监督活动能够真正发挥作用。

（六）法律教育和普及：法的运行的辅助力量

法律教育和普及是法的运行的辅助环节。它通过教育和宣传活动提高公众的法律意识和法律素养，促进法律的理解和遵守。法律教育和普及不仅有助于增强公民的法律意识和法律信仰，还有助于提高公民的法律素质和法律能力。在法律教育和普及过程中，应注重内容的科学性和针对性，注重形式的多样性和创新性，以吸引更多公众参与其中。

（七）法律改革和完善：法的运行的动态调整

法律改革和完善是法的运行的动态调整环节。随着社会的发展和变化，法律需要不断更新和完善以适应新的社会需求。法律改革和完善的过程是一个不断探索和创新的过程，需要立法机关、执法机关、司法机关和社会各界的共同努力。在法律改革和完善过程中，应注重改革的科学性和合理性，注重改革的系统性和协调性，以确保法律能够真正符合社会的发展需要。

二、法的实施

法的实施，作为法律从抽象条文转化为具体社会实践的桥梁，是法律生命力之所在。它不仅是法律条文在社会生活中的运用和实现，更是法律价值、法律精神得以体现和弘扬的过程。在这一复杂而精细的活动中，执法、司法、守法和法律监督共同构成了法的实施的核心环节，它们相互依存、相互促进，共同推动着法律的实施和社会的进步。

第一，法的遵守是法律实施和实现的基础。法律的生命力在于人们的实际遵行、法律被人们实际地遵行、法律被人们实际遵行、法律被人们实际遵行，这是衡量法律实施效果的重要标准。法的遵守要求所有社会成员，无论其社会地位、身份如何，都必须严格依照法律规定行事，不得有任何违法乱纪的行为。这种普遍的、无差别的法律遵守，是法律权威得以树立、法律秩序得以维护的根本保障。

第二，法的执行是法律实施的关键环节。法的执行，即执法，是指国家行政机关及其公职人员依照法定职权和程序，贯彻和实施法律的活动。执法机关通过行使国家公权力，对违法行为进行查处和制裁，确保法律得到正确执行。

第三，法的适用是法律实施的重要环节。法的适用，即司法，是指司法机关运用法律处理案件的活动。司法机关在适用法律时，必须遵循法定程序，确保司法公正和司法效率。通过司法活动，司法机关不仅解决了具体的法律纠纷，还为社会提供了明确的法律指引，促进了法律的普及和遵守。

第四，法律监督是法律实施的重要保障。法律监督是指检察机关和监察机关依法履行监督职责，对法律实施情况进行检查和督促的活动。在法律监督过程中，监督机关要依法行使职权，确保监督的公正性和有效性。同时，监督机关还要注重与执法机关、司法机关的协调配合，共同推动法律的实施和社会的进步。

第二章　我国社会主义法的理论基础

第一节　我国社会主义法的产生与本质

一、我国社会主义法的产生

我国社会主义法是在中国共产党领导下，由无产阶级和广大人民经过长期革命斗争，夺取政权后，由人民民主专政的国家创立的。

中华人民共和国成立后，在全国范围内彻底废除了旧法，并立即着手制定了一系列重要的法律、法令，如婚姻法、土地改革法、惩治反革命条例和惩治贪污条例等。这些法律、法令虽然反映了过渡时期的特点，但就其历史类型来说，是社会主义类型的。它们的实施对于建立和维护革命秩序、打击敌人的破坏和反抗、保护人民的利益、解放生产力以及保证国民经济的恢复和发展都起到了重要作用。

废除旧法意味着终止旧法的一切法律效力，但这并不排斥对旧法进行批判地继承。法律作为一种观念形态的社会文化，其发展具有历史的继承性。对于旧的法律文化，无产阶级可以并且应当批判地继承其中的有益元素，以丰富和完善社会主义法律体系。因此，废除旧法与批判地继承旧法中的有益元素是并行不悖的，这是法自身发展的辩证法所要求的。

二、我国社会主义法的本质

我国是人民民主专政的社会主义国家。在这个政权中，工人阶级居于领导地位，因此，我国社会主义法必然反映工人阶级的意志。

在社会主义国家里，农民和其他劳动人民都是国家的主人，他们同工人阶级的根本利益是一致的。因此，反映工人阶级意志的社会主义法，也同样体现了广大劳动人民的意志和利益。

我国在生产资料所有制的社会主义改造以后，阶级关系发生了深刻变化。近年来，随着改革开放的深入，我国的社会阶层也发生了新变化，出现了中国特色社会主义事业的建设者。如今，人民这个概念不仅包括工人、农民、知识分子等社会主义劳动者，还包括一切社会主义事业的建设者，拥护社会主义的爱国者和拥护祖国统一和致力于中华民族伟大复兴的爱国者。社会主义法就是他们的意志和利益的体现。这就表明，我国社会主义法既有鲜明的阶级性，又有广泛的群众基础，是阶级性和人民性的统一。

工人阶级和广大人民的意志并不是自发形成的。如果没有中国工人阶级同时也是中国人民和中华民族先锋队中国共产党的领导，如果没有共产党在人民群众中进行长期的、艰苦细致的思想政治工作，包括农民、知识分子在内的广大人民是不可能真正认识自己的根本利益的。即使是工人阶级，也只有在自己先锋队的领导下，用无产阶级思想武装起来，才能形成统一的有组织的力量，并使自己的意志正确反映社会发展的客观要求。所以，中国共产党的领导对于工人阶级和广大人民意志的形成，具有决定性作用。

第二节 我国社会主义法的制定与实施

一、我国社会主义法的制定

（一）我国社会主义法的核心理念

遵循宪法的基本原则和规定，以经济建设为中心，坚持社会主义道路，坚持人民民主专政，坚持中国共产党的领导，这是我国社会主义法制定的核心理念，也是最高的立法原则。只有在核心理念的指引下，我国的立法才能正确反映历史发展的方向和客观规律的要求，真正体现工人阶级和广大人民的意志，才能引导全国人民建设富强、文明和民主的社会主义国家。

（二）我国社会主义法的主要原则

根据我国社会主义法制定的指导思想和《中华人民共和国立法法》（以下简称《立法法》）的规定以及长期积累的立法实践经验，我国社会主义法制定的基本原则主要如下：

第一，维护社会主义法制的统一和尊严。法治统一作为民主集中制和法律权威的核心体现，是确保法律得以有效实施不可或缺的基石。在我国这样一个地域辽阔、人口基数庞大的国家，法制的统一性尤为关键。一旦法制出现分散和混乱，各级立法机关各行其是，不仅会对法制体系造成严重破坏，更会使法律的尊严和权威遭受严重挑战。

维护法制的统一和尊严，在政治层面，对于确保党和国家的领导方针政策得以有效贯彻具有决定性作用。法治统一意味着国家政策的连贯性和一致性，能够避免地方保护主义和部门利益对政策执行的干扰，确保国家意志的统一和高效传达。同时，这也是法治国家建设的基本要求，有助于构建稳定和谐的政治环境。

在经济层面，法制的统一与尊严同样至关重要。市场经济是法治经济，需要完善的法律体系来保障其健康运行。法制的统一有利于形成统一、开放、有序的市场环境，促进资源的合理流动和优化配置。同时，它还能为市场主体提供公平、公正的竞争环境，维护市场秩序和公平竞争，进而推动经济的持续健康发展。

维护法制的统一和尊严，就要求在立法时，从国家整体利益出发，从全体人民的全局利益出发，防止和杜绝任何狭隘的部门主义和地方主义偏向。

第二，坚持立法公开，体现人民意志，发扬社会主义民主，保障人民通过多种途径参与立法活动。社会主义国家的一切权力属于人民，法是人民意志的体现，是人民自己治理自己国家不可或缺的重要工具。广大人民对国家需要制定什么法以及为什么要制定这些法有切身体会，因而最有发言权。参与制定法的人民代表和人民的国家机关都是人民的受托者，他们的立法活动如果脱离人民群众，就不可能制定出真正体现人民意志和利益以及符合社会实际情况的法律，便不能期望这些法能得到人民群众的拥护和切实地实施。

人民群众通过各种途径参与立法活动，其实质是充分发展社会主义立法民主。它包括由群众提出立法建议，立法机关征询群众对立法活动的意见，群众对法律案的各种形式的讨论，必要时甚至进行全民公决，等等。

第三，从实际出发，适应经济社会发展和全面深化改革的要求，科学合理地规定主体的权利与义务或权力与责任。从实际出发，实事求是，是立法工作的根本准则。立法唯有贴近社会实际，方能遵循我国社会发展的内在逻辑，洞察社会主义初级阶段特有的发展需求。在考量我国经济、政治等形势的演变时，立法应精准把握，确保法律与社会变迁相协调，从而更好地服务于社会主义现代化建设。

对于公民、法人及其他社会组织的权益，以及国家机关的权力与责任，法律必须秉持公正、公平的原则，确保权利与义务、权力与责任的对等性。这样的法律规范不仅有助于保护各方主体的合法权益，更是社会公平与正义的坚实保障。因此，法律条文应清晰明确，具有高度的针对性和可执行性，以确保法律的有效实施。

第四，立法必须依照法定的权限和程序。立法中的法定权限，是指宪法和法律赋予的有关国家机关分别能够制定什么级别和种类的法的权力范围。超越法定权限制定出来的法是违法的，因而也是无效的。

立法程序是立法精神的体现，国家的民主程度越高，就越强调立法的程序。因为没有严格的程序就会导致立法质量的低劣、法律体系的混乱乃至对公民权益的损害。

第五，原则性与灵活性相结合。原则性与灵活性相结合，是立法工作中辩证唯物主义思想的精髓。原则性强调坚守马克思主义的普遍真理，确保立法工作始终沿着正确的方向前进，保持我国法的本质属性不动摇。而灵活性则要求在坚持原则性的基础上，充分考虑中国的实际国情，针对特定问题作出灵活而恰当的规定。原则性是立法工作的根基，而灵活性则是其生动的体现。没有原则性，立法将失去方向；没有灵活性，原则性将难以落地生根。二者相辅相成，共同推动立法工作向前发展。

第六，保持法的稳定性、连续性与及时立、改、废相结合。法制定并付诸实施后，必须保持一定的稳定性和连续性。朝令夕改，立废无常，不仅有损社会主义法的严肃性和权威性，而且影响社会主义生产的发展和社会秩序的安定。但法的这种稳定性和连续性又是相对的。随着政治、经济的发展和建设任务的变化，法也应发生相应的变化。只有及时地进行立、改、废，才能使法适应形势发展的需要，在社会主义各项建设事业中发挥它应有的作用。

（三）我国社会主义法的权限

依据宪法和法律的规定，我国实行的是党中央集中统一领导和一定程度分权、多级并存、多类结合的立法权限划分体制。

1. 法律制定

依据我国《中华人民共和国宪法》（以下简称《宪法》）的规定，国家立法权由最高国家权力机关即全国人民代表大会及其常务委员会统一行使。全国人大制定和修改刑事、民事、国家机构的其他的基本法律。全国人大常委会制定和修改除应由全国人大制定的法律以外的其他法律；在全国人大闭会期间，对全国人大制定的法律进行部分补充和修改，但不得同该法律的基本原则相抵触。

我国《立法法》进一步就全国人大及其常委会的专属立法事项做了以下具体规定：

（1）国家主权事项。主要指国防、外交等方面关系到国家主权的事项。

（2）各级人民代表大会、人民政府、人民法院、人民检察院的产生、组织和职权。这属于国家根本政治制度问题，在宪法中已有明确规定。

（3）民族区域自治制度、特别行政区制度、基层群众自治制度。这是关系到国家统一、少数民族权利，维护"一国两制"，基层群众当家做主和自己管理自己的具体事务的大事。

（4）犯罪和刑罚。

（5）对公民政治权利的剥夺、限制人身自由的强制措施和处罚。前项和此项，属于对有过错公民的人权所进行的干预，同时也是对无过错的公民人权的保障。

（6）税种的设立、税率的确定和税收征收管理等税收基本制度。

（7）对非国家财产的征收、征用。这一事项是关于国家权力对私人经济利益的干预；其基本精神在于，既要维护国家的整体需要，又要确保公民的财产权不受损害。

（8）民事基本制度。目的是要实现正常的社会民事交往和国民经济流转。

（9）基本经济制度以及财政、海关、金融和外贸的基本制度。

（10）诉讼和仲裁制度。包括民事诉讼、刑事诉讼和行政诉讼制度。仲裁虽不属于诉讼范围，但也是一项处理纠纷的重要制度。

（11）必须由全国人大及其常委会制定法律的其他事项。

上述十一个方面的专属事项"只能"由法律加以规定，它不同于"可以"由法律加以规定的事项，后者的外延大于前者。如文化、科技、教育等，就没有明确列入十一个专属事项中。但是，如果它们被全国人大及其常委会认为必须制定为法律时，就属于第十一项中的内容。

2. 行政法规制定

在《宪法》的明确授权下，国务院作为最高国家行政机关，其职责广泛且深入，涉及国家行政管理的诸多方面，包括众多专业性和技术性的事务。鉴于全国人大及其常委会无法全面且详尽地立法覆盖所有领域，国务院便承担起根据宪法和法律制定行政法规的重任，以确保行政工作的有序和高效进行。《立法法》规定，行政法规可以就下列事项作出规定：

（1）为执行法律的规定需要制定行政法规的事项。这项规定旨在使相关的法律具有可操作性。一般可分为两种情况：①把相关的法律具体化，通常是制定"实施细则"；②按照相关法律的要求，作出专门的规定，主要是制定单行的行政法规。

（2）《宪法》规定的国务院行政管理职权的事项。这一事项的内容极其广泛。

3. 地方性法规、自治条例和单行条例制定

根据《宪法》与《立法法》的明确规定，省、自治区、直辖市及其

设区的市的人大及其常委会拥有制定地方性法规的权限。这一规定在《地方组织法》中进一步细化，明确了省、自治区人民政府所在地的市以及特定批准的较大城市，在报经省、自治区人大常委会批准后，亦有权制定地方性法规。

同时，《立法法》对设区的市制定地方性法规的范围进行了界定，在确保不与宪法、法律、行政法规及省级地方性法规相抵触的前提下，可针对城乡建设与管理、环境保护、历史文化保护等方面的事项进行立法。这些地方性法规同样需经省、自治区人大常委会批准后方可施行。

此外，《立法法》还赋予了经济特区所在地的省、市人大及其常委会，根据全国人大及其常委会的授权，制定特区法规的权限，以确保经济特区的建设与发展能在法治轨道上稳步推进。

地方性法规可以规定的事项是：①为执行法律、行政法规的规定，需要根据本行政区域的实际情况作出具体规定的事项；②属于地方性事务需要制定地方性法规的事项。

依据《宪法》和《立法法》的规定，民族自治地方的人大有权依照当地民族的政治、经济和文化的特点，制定自治条例和单行条例。民族自治地方的自治条例和单行条例，应依法报上级人大常委会批准后方能生效。

自治条例和单行条例可以依照当地民族的特点，对法律和行政法规的规定作出变通规定，但不得违背法律或者行政法规的基本原则，不得对宪法和民族区域自治法的规定以及其他法律、行政法规专门就民族自治地方作出变通规定。

4. 部门规章、地方政府规章制定

依照《立法法》的规定，国务院各部、委员会、中国人民银行、审计署和具有行政管理职能的直属机构，可以根据法律和国务院的行政法规、决定、命令，在本部门的权限范围内，制定规章。此即部门规章。

部门规章规定的事项应当属于执行法律或者国务院的行政法规、决定、命令的事项。

依照《立法法》的规定，省、自治区、直辖市和设区的市、自治州的人民政府，可以根据法律、行政法规和本省、自治区、直辖市的地方性法规，制定规章。此即地方政府规章。地方政府规章可以就相关事项作出规定：①为执行法律、行政法规、地方性法规的规定需要制定规章的事项；②属于本行政区域的具体行政管理事项。

5. 授权立法

授权立法，这一法律现象体现了立法权在国家机关间的合理分配与运用。在西方国家，特别是20世纪50年代后，随着经济的迅猛增长和社会生活的日益复杂化，为了应对多变的现实需求，授权立法逐渐成为一种趋势，有效缓解了立法机关的压力，提高了法律制定的效率。

在我国，授权立法始于1979年，它是对改革开放新形势下法律需求的一种积极回应。全国人大及其常委会基于国家发展的需要，在利改税和税制改革、经济体制改革、对外开放以及经济特区建设等方面，先后授权国务院和部分省、市人大及其常委会进行立法工作。这一做法不仅有助于国家法律的完善与发展，也体现了立法工作的灵活性和适应性，为我国的改革开放和现代化建设提供了有力的法律保障。《立法法》对授权国务院立法进行了规范。该法规定如下：

（1）由全国人大及其常委会立法的专属事项尚未制定法律的，全国人大及其常委会有权作出决定，授权国务院可以根据实际需要，对其中的部分事项先制定行政法规，但是有关犯罪和刑罚、对公民政治权利的剥夺和限制人身自由的强制措施和处罚、司法制度等事项除外。

（2）授权决定应当明确授权的目的、事项、范围、期限以及被授权机关实施授权决定应当遵循的原则等。授权期限不得超过5年，除非授权决定另有规定。被授权机关应当在授权期限届满的6个月以前，向授权机关报告授权决定实施的情况，并提出是否需要制定有关法律的意见。

（3）授权立法事项经实践检验制定法律的条件成熟时，由全国人大及其常委会及时制定法律，法律制定后，相应立法事项的授权终止。

（4）被授权机关应当严格按照授权决定行使授予的权力。被授权机关不得将授予的权力转授给其他机关。

（5）全国人大及其常委会可以根据改革发展的需要，决定就行政管理等领域的特定事项授权在一定期限内在部分地方暂时调整或暂时停止适用法律的部分规定。

（四）我国社会主义法制定的程序

法的制定程序，是指有权的国家机关制定、修改和废止法的法定过程或步骤。严格按照法定程序进行立法活动，是社会主义法治原则的要求，也是保证立法质量的重要条件。

由于各国的政治制度和立法制度不同，法的制定程序也各异。根据我国《立法法》和其他有关法律的规定，我国最高国家权力机关制定法律的程序包含法律案的提出、法律案的审议、法律案的表决和法律的公布四个程序，具体如下：

1. 法律案的提出

法律案，作为立法程序的起点，承载着制定、修改或废止法律的使命，其提出是立法机关开展工作的基础。在我国，法律案的提出遵循着严格的程序与权限分配。全国人大主席团、全国人大常委会、国务院、中央军委、最高人民法院和最高人民检察院，以及全国人大各专门委员会、一个代表团或30名以上代表联名，均享有向全国人大提出法律案的权力。同样，向全国人大常委会提出法律案的权力也明确赋予委员长会议、国务院、中央军委、最高人民法院、最高人民检察院、全国人大各专门委员会以及常委会组成人员10人以上联名。

法律案的提出并非随意，其背后是深思熟虑与精心准备的结果。在法律案正式提出之前，起草工作必不可少。通常，基本法律的起草工作由全国人大常委会负责，而一般法律的起草则多由国务院承担。起草过程中，立法工作部门、实际工作部门和专家共同协作，确保法律草案的科学性、合理性和可行性。值得注意的是，法律的起草部门并不必然拥有提案权，这一区分体现了立法工作的严谨性和专业性。

2. 法律案的审议

列入全国人大常委会会议议程的法律案一般先由有关的专门委员会审议并提出审议意见。继而，法律委员会根据各代表团和有关的专门委员会的审议意见，对法律案进行统一审议，向主席团提出审议结果报告和法律草案修改稿，对重要的不同意见应当在审议结果报告中予以说明。

列入常委会会议议程的法律案，法律委员会、有关的专门委员会和常委会工作机构可采用座谈会、论证会、听证会等多种形式，听取各方意见。常委会工作机构应当将法律草案发送有关机关、组织、专家征求意见。

列入常委会会议议程的法律案，一般应当经三次常委会会议审议后再交付表决：第一次审议法律案，在全体会议上听取提案人的说明，由分组会议进行初步审议；第二次审议法律案，在全体会议上听取法律委员会关于法律案修改情况和主要问题的汇报，由分组会议进一步审议；第三次审议法律案，在全体会议上听取法律委员会关于法律草案审议结果的报告，由分组会议对法律草案修改稿进行审议。

3. 法律案的表决

法律案的审议和表决，是全国人大及其常委会立法工作中的重要环节。对于列入议程的法律案，草案修改稿需经各代表团或常委会会议审议，并由法律委员会根据审议意见进行修改，最终形成法律草案表决稿。这一草案随后由主席团或委员长会议提请大会或常委会全体会议进行表决，其通过需得到全体代表或常委会全体组成人员的过半数支持。

在全国人大和全国人大常委会的议事规则中，对于法律案的表决方式有明确规定，包括投票、举手等多种形式。然而，为增强表决的民主性和公正性，现今通常采用按电钮的无记名方式，确保每位代表或委员的表决意愿得到充分尊重。

4. 法律的公布

全国人大及其常委会通过的法律，一律由国家主席签署主席令予以公布。国家主席对于法定的由他公布的法律，没有否决权。

签署公布法律的主席令要载明该法律的制定机关、通过和施行日期，并及时在全国人大常委会公报和全国范围内发行的报纸上刊登，其中以常委会公报上刊登的文本为标准文本。

经过上述四个步骤，法律的创制便告完成。此外，《立法法》等法律对行政法规、地方性法规、部门和地方政府规章的创制程序也作出了具体规定。

(五) 我国社会主义法的规范性文件

我国社会主义法以规范性文件为其主要渊源。由于制定规范性文件的国家机关不同，规范性文件的名称、效力也就有所不同，从而形成各种类别的法的渊源。

1. 规范性文件的名称和结构

在我国，法律类别的规范性文件承载着国家意志和人民利益，它们不仅为社会秩序提供了稳固的基石，更为公民的权益保护筑起了坚固的屏障。这些文件通常被统称为"法"，诸如《中华人民共和国劳动法》和《中华人民共和国刑法》(以下简称《刑法》)等，都是国家法律体系中的重要组成部分。然而，也有一些规范性文件采用"决定"这一名称，比如《关于进一步加强和改进未成年人思想道德建设的决定》，这些同样具有法律效力，对特定领域的问题作出明确规范。

谈及这些法律类规范性文件的正文结构，其严谨性和层次性不容小觑。编、章、节、条、款、项、目,每一层级都承载着特定的法律内容,彼此之间相互关联,共同构建起一个完整的法律体系。编作为最大的单位,往往包含若干章节,每一章节再细分为多个小节,最终细化至具体的条文。这些条文,是规范性文件中的核心部分,它们明确了法律的具体规定和要求。

而在条文的表述上,更是要求精确无误。每一字每一句,都经过深思熟虑,力求用词准确、概念明确。这样的要求,不仅是为了确保法律文件的权威性和严肃性,更是为了让公民能够清晰明了地理解法律内容,从而在日常生活中自觉遵守。

对于法律类规范性文件的语言文字,更是应该持以严谨的态度。简洁明了的表达,不仅能够减少误解和歧义的产生,更能够提高法律的执行效率。因此,对于这些文件的起草和修订,都需要经过严格的审查和推敲,确保每一个字、每一个词都能够准确地传达出法律的精神和意图。

2. 规范性文件的规范化

国家机关每年都要制定和颁布相当数量且内容非常庞杂的规范性文件。随着客观形势的发展变化,原有的规范性文件有的经过了修改和补充,有的则被废止,加之制定规范性文件的国家机关不同,制定的时间有先有后,因此各种规范性文件在内容上难免会发生不一致甚至相互矛盾的情况。为了有利于法律的制定和实施,就有必要对各种已颁布的规范性文件进行整理,使之系统化。法律汇编和法律编纂就是规范性文件系统化的两种方式。

法律汇编或称法规汇编,是把现行的规范性文件在不改变内容的前提下按颁布的年代顺序或按所属的法律部门,分门别类加以系统排列,并汇编成册。

法律编纂或称法典编纂,是对某一法律部门或法律制度的全部现行规范,根据一定的原则进行审查,既要剔除其中过时的、重叠的、前后不一致甚至相互矛盾的部分，又要根据新情况对原有的规范做修改、补充，或制定新规范以填补空白，从而形成一部结构严密、规范之间协调一致、内容系统完整的新的规范性文件。这种规范性文件有的国家称为"法典"。法律编纂是一种立法活动，只能由享有立法权的国家机关按法定程序进行。

二、我国社会主义法的实施

（一）我国社会主义法的适用原则

法的适用是指国家机关及其工作人员，依照法定的职权和程序，采取某种带有强制性的措施，实现法律对特定社会关系调整的活动。法的适用是国家活动的重要组成部分。法的适用的结果，必然会发生、变更或消灭某种法律关系。不能把法的适用单纯理解为司法机关的活动，更不能只理解为司法机关的制裁活动。国家行政机关也存在依法适用法律的问题，如工商管理机关依法对违法工商企业进行处罚。在实践中，通常把司法机关适用法律的活动称为"司法"，而把行政机关适用法律的活动称为"执法"。

根据我国社会主义法的适用的实践经验，法的适用的基本要求可以概括为六个字：①正确，就是要在查清事实的基础上，准确地确定案件的性质，并作出恰如其分的处理；②合法，就是要严格依法办案，不仅定性、处理要符合法定标准，而且在程序上也必须合乎法律的规定；③及时，就是要在正确、合法的前提下，提高办案效率，及早结案。正确、合法、及时这三者是统一不可分割的，不能片面强调某一个方面而忽略其他方面。

为了达到正确、合法、及时的要求，在适用法律时必须坚持以下基本原则：

1. 法律面前一律平等

公民在法律面前一律平等，是一项宪法原则，也是社会主义法在适用中必须遵循的一项基本原则。这一原则要求：①任何公民都平等地享有宪法和法律赋予的权利；②任何公民都必须平等地履行宪法和法律规定的义务；③任何公民都不允许有超越宪法和法律的特权；④任何公民的违法犯罪行为都必须平等地受到追究和制裁。

2. 以事实为根据，以法律为准绳

以事实为根据，以法律为准绳。这一原则不仅贯穿司法审判的始终，同样也是行政机关在行使管理职能、实施行政制裁时不可或缺的准绳。

以事实为根据，是法律适用的基石。它要求执法机关和执法人员在处理案件时，必须坚守客观事实，不受任何非事实因素的干扰。这既是对案件真相的尊重，也是对法律公正的维护。在适用法律的过程中，执法人员必须摒弃主观臆断，克服个人偏见，以证据为先导，不轻信口供，深入实际，倾听群众的声音，进行充分而细致的调查研究。只有在全面、详尽地掌握案件材料的基础上，才能实事求是地进行分析，做出准确的判断和结论。

以法律为准绳，则是法律适用的灵魂。它要求执法机关和执法人员的所有行为都必须严格遵循法律的规定，确保法律的权威性和严肃性。法律是衡量案件是非曲直的唯一标准，它如同天平的秤砣，保证了案件的公正处理。舍弃了法律这个准绳，任何行为都将失去评判的依据，法律秩序也将陷入混乱。

值得注意的是，以事实为根据和以法律为准绳这两个方面是相互依存、不可分割的。前者为法律适用提供了事实基础，后者则为法律适用提供了行为准则。只有将两者紧密结合，才能确保案件得到正确的处理，避免错案的发生。因此，在社会主义法律的适用过程中，必须始终坚持这一原则，确保法律的公正、公平和有效实施。

3. 明确规范性文件之间的关系

在适用法律时，必须明确各种不同类别和等级的规范性文件的相互关系，特别是它们的效力问题，从而做出正确的选择。依据《立法法》的规定，选择规范性文件时，应遵循的原则如下：

（1）上位法的效力高于下位法。这是因为上位法较之下位法反映更广大人民群众的利益和意志，具有更大的权威性。

（2）同位法中特别法的效力优于一般法。这是因为特别法是针对特别情况制定的，故其内容更详细，可操作性更强。

（3）同位法中新法的效力优于旧法。原因在于，新法是根据新形势的要求制定的，更具有现实性和合理性，所以应优先适用，除非法律另有规定。

（4）不溯及既往。这是关于法律溯及力的问题。凡是法律对其颁布前所发生的行为或事件仍具有约束力的，就是溯及既往；反之，就是不溯及既往。由于人们一般不可能按照尚未颁布的法律来规范自己的行为，因而法律不溯及既往应是法律适用的一项原则。我国立法法也是这样规定的。但为了更好地保护公民、法人或其他组织的权利和利益，法律有时也会作出例外的规定。我国刑法中的"从旧兼从轻"的原则就是一例。

（5）关于"变通规定"的适用。《立法法》规定，自治条例和单行条例或经济特区法依法或根据授权对法律、行政法规、地方性法规作变通规定的，在本自治地区或本经济特区应分别适用自治条例和单行条例或经济特区法规。这是因为上述两种变通规定都是法律授权的，从而也是合法的。

（二）我国社会主义法的解释

法的解释，即法律解释，是对法律条文精髓及其适用情境的必要阐释。鉴于法律条文往往言简意赅，而社会生活则纷繁复杂，法律解释在其中扮演着桥梁的角色。为确保法律能够准确、有效地调整社会关系，对法律条文进行解释显得尤为关键。只有通过深入剖析法律条文的立法意图，明确其应有之义和适用条件，才能避免因误解或理解偏差而损害法律的实施效果。法律解释分为正式与非正式两种，依据解释的主体及其法律效力而定，各有其独特的价值和作用。

1. 正式解释

正式解释是指特定的国家机关依照宪法和法律授予的权限，对法律所作的解释。正式解释由于解释的主体不同，所作解释的法律效力也不同。在我国，正式解释包括立法解释、司法解释、行政解释和地方性解释。

（1）立法解释，指享有国家立法权的最高国家权力机关对法律条文所作的解释或补充规定。这种解释实质上是国家立法权的延伸，同法律具有同等效力。我国《宪法》规定，全国人大常委会有权解释宪法和法律。它所作的解释就属立法解释。立法解释既可以和被解释的法律条文包含在同一个规范性文件中，也可以采用说明报告的形式或公布专门的解释文件。

（2）司法解释，指最高人民法院对在审判工作中以及最高人民检察院对在检察工作中具体运用法律的问题所作的解释。这类解释对下级法院和检察院在审判工作和检察工作中具体运用法律时具有约束力。

上述两机关的解释必须是协调一致的，如果两机关的解释有原则分歧，应报请全国人大常委会解释或决定。司法解释的形式有批复、解答、规定、通知等。不论何种形式的解释，都不得与宪法和法律相违背。

（3）行政解释，指国务院及其主管部门所作的解释。有两种情况：一种是对不属于审判或检察工作中的其他法律如何具体应用所作的解释；另一种是国务院及其主管部门对自己制定的行政法规或规章所作的解释。行政解释必须符合宪法、法律和立法解释的精神。这类解释往往包含在行政机关所制定的实施细则中。

（4）地方性解释，指地方政权机关对其制定的地方性法规或地方规章所作的解释。这类解释必须符合宪法、法律和行政法规，其效力只及于其管辖范围内。

2. 非正式解释

非正式解释，如法治宣传性解释、学理解释及任意解释，均出自国家宣传部门、文化机构、社会团体、报刊、法学工作者及公民之手，它们并不具备法律效力。尽管如此，这些解释在法学领域的进步与法治建设中扮演重要角色，尤其对提高公民的社会主义法律意识具有不可或缺的推动作用。

（三）我国社会主义法的遵守

法的遵守，是指一切国家机关、企业事业组织、社会团体和全体公民恪守法律的规定，严格依法办事。

遵守社会主义法，既包括遵守宪法、法律和国家机关颁布的各类规范性文件，也包括遵守劳动纪律、技术规范和一些群众自治组织所制定的乡规民约等，因为后者正是社会主义法所要求的。

遵守社会主义法是保证社会主义法实施的重要条件，它对于巩固人民民主专政，发展社会主义民主，实现依法治国，促进社会主义物质文明和精神文明的建设，具有十分重要的意义。

社会主义法的许多规定，主要依靠国家机关来贯彻执行。因此，一切国家机关首先要模范地自觉地遵守宪法和法律，并按照各自的职责，同各种违法行为作坚决的斗争。国家机关的活动是否合法，主要取决于国家机关工作人员。这就要求一切国家机关工作人员，特别是各级领导干部，必须认真学习宪法，谙熟有关的法律法规，牢固地树立起社会主义法治观念，养成依法办事的习惯。

在社会主义国家里，居于执政党地位的共产党，在维护社会主义法的尊严、保证它的实施方面，具有特别重大的责任。党必须在宪法和法律的范围内活动，是一项极其重要的原则。根据这一原则，一切党组织和党员的活动，都不能同国家的宪法和法律相抵触。党是人民的一部分。党领导人民制定法律，而法律一经颁布施行，包括全体党员在内的全体公民，都必须毫无例外地严格遵守。

保证社会主义法的遵守，从根本上说，要依靠人民群众的力量。社会主义法体现人民的意志和根本利益。人民一旦充分认识遵守法律同他们的根本利益的关系，就会自觉地守法。因此，在人民群众中进行深入持久的法治教育，对于保证社会主义法的实施，具有重大意义。

第三节 我国社会主义法制与法治探析

一、我国社会主义法制

（一）社会主义法制的基本要求

社会主义法制的基本要求是"有法可依，有法必依，执法必严，违法必究"。这四者是密切关联、不可分割的统一体。

1. 有法可依

有法可依，意味着法律体系必须完备且可供民众遵循。法治建设的基础在于法律的完善，缺乏法律或法律不完备，都无法构建健全的法制体系。因此，必须加强立法工作，坚持社会主义法的指导思想和基本原则，严格遵循立法权限和程序，构筑起一个全面、完善的中国特色社会主义法律体系。这一体系应覆盖社会生活的各个方面，让人们在日常行为中都能找到法律依据，有章可循。这样的法律必须是"善法"或"良法"，即它必须充分反映人民的意志，同时正确反映社会发展规律，这既是社会主义法民主性的体现，也是其科学性的要求。

2. 有法必依

法制定出来，就要付诸实施。有法不依，等于无法。再好的法，如果不能为人们所遵守，无异于一纸空文。所以，有法必依是健全社会主义法治的关键。

（1）有法必依，要求一切执法机关及其工作人员必须依法办事。利用法律赋予的职权，谋取小集团或者个人的私利，固然是对社会主义法制的破坏；无视法律的规定，以执法者个人的感情或意愿代替法律，同样也是社会主义法制所不允许的。

（2）有法必依，不仅要求在处理人民内部矛盾问题时，必须依法办事，切实保障人民群众的合法权益；同时也要求在处理敌我矛盾问题时，不得违反法律的规定而为所欲为。

（3）有法必依，还要求全体公民都遵守法律，使自己的举止言行符合法律的规定。法律，是人民自己制定的。它是维护社会秩序，保护人民利益，保护社会主义经济基础，保护和促进生产力发展的。要求所有的人都遵守社会主义法律。实践证明，法律只有当它为社会上绝大多数人自觉遵守时，才能充分发挥它的威力和作用。

3. 执法必严

执法必严，是维护社会主义法制权威的关键所在。它要求执法机关和执法人员以严格、严肃、严明的态度，一丝不苟地遵循法律规定，确保法律的尊严和权威得到维护。这不仅是健全社会主义法治的必要条件，更是实现社会公平正义的重要保障。

要实现执法必严，首要任务是确保审判机关和检察机关能够依法独立行使审判权和检察权。这是保障法律公正执行的前提，任何对司法活动的干涉和指挥都应被坚决抵制。只有在这样的环境下，法律才能得以公正、公平地实施，法律的尊严和权威才能得到真正体现。

同时，执法必严也要求执法人员必须忠于法律和制度，严格按照法律规定的工作规程办案。这是执法严格的重要标志，也是确保法律正确实施的关键。执法人员必须严格遵守法律程序，不得有任何偏离和懈怠，确保法律的公正性和权威性。

执法必严还意味着执法活动必须严肃，忠于事实真相。在执法过程中，执法人员必须坚守客观公正的原则，尊重事实，不偏不倚地处理案件。同时，一旦发现错误，必须勇于纠正，这是实事求是原则在执法中的具体体现，也是维护法律权威和公信力的必要手段。

此外，要实现执法必严，还需要培养一大批执法如山、刚直不阿、熟谙法律业务、敢于以身殉法的执法人员。这些执法人员不仅要具备扎实的法律素养和业务能力，更要具备高尚的职业道德和坚定的法治信仰。他们是社会主义法治建设的重要力量，也是实现执法必严的关键所在。

4. 违法必究

违法必究，就是对一切违法犯罪分子都要依法追究法律责任并予以制裁；任何人都不得把自己凌驾于法律之上，享有法律规定以外的特权；更不允许国家公职人员在自己违法犯罪的情况下，逃避罪责，逍遥法外。只有这样，才能使社会主义法制对于违法犯罪的人具有压力和束缚力，并使之受到应有的惩罚。所以，违法必究是健全社会主义法治的重要保证。如果对违法者听之任之，对国家公职人员和群众犯法不是平等地看待，对领导干部违法不能绳之以法，那么，国家和人民的利益就会受到损害，社会主义法制的权威就会丧失殆尽。

由此可见，只有认真地、全面地做到有法可依，有法必依，执法必严，违法必究，才能保证社会主义法制的统一性、连续性、平等性，才能维护社会主义法制的权威，充分发挥社会主义法制在社会主义现代化建设中的作用。

(二) 社会主义民主和社会主义法制

1. 社会主义民主的概念

"民主是人类社会普遍向往的价值原则,也是社会主义的本质要义。"① "民主"一词来源于古希腊文,原意是人民的权力。民主是国家制度中的一个问题,是一种国家形式,一种国家形态,是建立在一定经济基础之上的政治上层建筑,是阶级社会特有的现象,具有鲜明的阶级性。

社会主义民主是社会主义国家的国家制度问题。社会主义民主即人民民主,就是全体人民在共同享有对生产资料的不同形式的所有权、支配权的基础上,享有管理国家和社会的权力的一种国家政治制度。

社会主义民主的本质是人民当家作主。在社会主义社会里,人民是国家的主人,国家的一切权力属于人民,人民享有广泛的政治、经济和文化教育等方面的民主权利,特别是享有管理国家、管理各种企业、管理文化教育的权利。这是社会主义民主最重要的内容。

2. 社会主义民主与社会主义法制的联系

在社会主义国家中,民主与法治是互相依存、相辅相成的。社会主义民主是社会主义法制的前提和基础,社会主义法制是社会主义民主的确认和保障。

(1) 社会主义民主是社会主义法制的前提和基础。社会主义法制,作为社会秩序的基石,其产生与社会主义民主紧密相连。工人阶级与广大人民掌握国家政权,争得民主权利,才能将自身的意志凝结成法律,构建起符合自身利益的法制体系。因此,社会主义法制的构建,是以社会主义民主为坚实基石的。

---

① 房圣康,李楠. 社会主义民主的演进历程、根本超越及建设路径 [J]. 中州学刊, 2024 (05): 18.

法制与民主之间，存在着密切的内在联系。法制的性质深受民主性质的影响，民主的性质决定了法制的性质。社会主义法制的鲜明人民民主性质，正是社会主义民主本质的具体体现。每一项法制原则的背后，都能找到社会主义民主的要求作为支撑。社会主义法制，实际上就是社会主义民主的法律化和制度化表达。

在社会主义法制的健全与完善过程中，民主同样发挥着不可替代的作用。充分发扬民主，才能汇聚人民智慧，制定出真正符合人民意愿的法律。这样的法律，自然能得到人民的广泛拥护和自觉遵守。同时，法律的实施与监督也离不开民主的力量。民主监督能够确保法律得到公正、严格的执行，防止法律被滥用或忽视。

（2）社会主义法制是社会主义民主的确认和保障。在工人阶级和广大人民奋斗的历史长河中，夺取政权、争得民主无疑是一段壮丽的篇章。然而，对于他们而言，这仅仅是迈向伟大目标的起点。要真正实现自己的历史使命，工人阶级和广大人民必须运用法律这一庄严而神圣的工具，将已经取得的民主成果以法律形式确认和固定下来。

人民民主，作为社会主义的核心价值，其本质在于国家的一切权力属于人民。为了行使这一权力，人民需要依据一定的原则，采取适当的形式，组织起各级各类国家机关。在这一过程中，社会主义法制发挥着举足轻重的作用。我国的宪法和法律明确界定了国家政权的组织形式，规定了国家机关的组织和活动原则，以及国家机关之间、国家与公民之间的法律关系。这些规定实质上为人民行使国家权力提供了明确的形式、程序和方法。只有当这些规定得到严格执行，国家的权力才能真正掌握在人民手中，确保人民成为国家的主人。

值得注意的是，社会主义民主并非无序的民主，而是有组织、有领导的民主，是法律规定范围内的民主。社会主义法律在赋予公民广泛民主权利的同时，也规定了相应的义务。这些义务是公民享有民主权利的基础，也是保障社会主义民主得以健康发展的必要条件。公民在行使自由和权利时，必须遵守法律，不得损害国家、社会、集体的利益和其他公民的合法权利。这种权利与义务的平衡，体现了社会主义法制的公正和理性。

在社会主义社会，特别是其初级阶段，敌对分子的存在以及剥削阶级腐朽思想的影响，使得损害社会主义民主的行为难以避免。为了维护社会主义民主，必须运用社会主义法制的武器，坚决同一切破坏和损害社会主义民主的行为进行斗争。这种斗争不仅是对社会主义法制的考验，更是对社会主义民主的捍卫。

（三）社会主义法律意识和社会主义法制

1. 法律意识的概念

法律意识是人们关于法律的思想、观点和心理的总称。它的内容主要包括人们对法的本质和作用的看法，对法的评价和解释，对行为是否合法的理解，以及在法的方面的愿望和要求等。在现实生活中，不论是法的制定，还是法的执行和遵守，乃至违法犯罪，无不受一定法律意识的支配。所以了解法律意识，对于了解法制是很重要的。

法律意识是社会意识的一种，它的内容归根到底是由社会存在即社会物质生活条件决定的。物质生活条件不同的各个阶级，它们的法律意识是不同的，有时往往是针锋相对的。法律意识的这种不同和对立，集中表现在对待现行法的态度上。在一个国家里，虽然只有一个法律体系，却不存在统一的法律意识。但是占统治地位的法律意识，只能是统治阶级的法律意识。因为只有掌握政权的统治阶级才有可能把自己的法律意识以法律的形式表现出来。

法律意识作为一种上层建筑现象，固然最终是受经济基础的制约，但其他形式的社会意识，诸如政治思想、道德观念、哲学观点和宗教等，对于法律意识的影响也是不能低估的。

法律意识既可表现为人们关于法律的自发的、零散的、不系统的、有时甚至是自相矛盾的感觉和情绪，即法律感；也可以表现为关于法律的自觉的、系统的、理论化了的思想和知识。法律意识这两种表现形式，是同人们认识过程中的两个阶段相适应的。前者是法律意识的低级阶段即感性阶段，后者是法律意识的高级阶段即理性阶段。统治阶级法律意识的理性形式比感性形式能够更集中地反映本阶级的利益和要求，对于法的制定、执行和遵守起着重要的作用。所以统治阶级总是通过各种形式和渠道，向其他各个阶级灌输反映其阶级利益的法律思想和学说，为其法的实施创造思想上的条件。

2. 社会主义法律意识健全社会主义法制

社会主义国家法制的健全与否，在很大程度上取决于人们（从领导人到每一个公民）的社会主义法律意识的水平。原因如下：

（1）没有立法的愿望和动机，就不会有立法的活动。社会主义国家任何一项法的制定，都是已经成熟了的法律要求的产物。认识不到或者贬低社会主义法在社会主义革命和社会主义现代化建设中的作用，甚至认为法会束缚人民群众的手脚，在这种法律意识的支配下，就不会及时地去制定各种法律，对法律不完备的现象就会熟视无睹，从而也就不会有完备的法制。这是已经为我国社会主义法治建设的实践所反复证明了的。

（2）社会主义法律意识对于社会主义法律的执行也起着十分重要的作用。法的执行离不开执法人员，执法人员能否正确执行法，在很大程度上取决于执法人员的法律意识。在社会主义国家建立初期法律还不完备的情况下，执法人员的社会主义法律意识对于正确处理案件固然起着十分显著的作用。然而，即使在法律比较完备的情况下，如果执法人员对依法治国的重大意义缺乏认识，不理解法律规定的精神实质，不熟谙法律规定的内容，是非不分，曲直不辨，那就不可能使法律得到正确的实施。

(3) 在社会主义法治建设中，法律意识的提升对于法律遵守的推动作用至关重要。在社会主义国家，遵守法律是每位公民的神圣职责。然而，公民是否能忠实履行这一义务，与其法律意识强弱息息相关。思想是行为的先导，一个人若对守法的价值缺乏深刻认识，对法律一知半解，无法准确判断行为合法性，甚至轻视法律的权威，那么其遵守法律的可能性将大大降低。

因此，要促进公民自觉守法，关键在于深化其社会主义法律意识。随着人民群众法律意识的增强，法律的遵守将更有保障。显然，提升全民的法律意识，是健全社会主义法治不可或缺的思想基石。

二、我国社会主义法治——依法治国

(一) 依法治国的重要性

"作为现代制度文明的根本体现，法治通过完善的制度有力推进国家治理体系和治理能力现代化。"[①] 为了有效地坚持和贯彻"依法治国，建设社会主义法治国家"的基本方略，就必须搞清楚为什么要依法治国即依法治国的必要性。

第一，依法治国是建立和完善社会主义市场经济的需要。纵观历史，在不发达的商品交换的条件下，交换行为和秩序主要依靠习惯和道德来维系，法律的作用比较有限。但当商品经济得到广泛发展而形成大的规模即市场经济的时候，法律的作用就极大地提高了。

离开了法治，社会主义市场经济便不可能建立，即使建立起来，也难以长久维持。这是因为：①市场经济是主体多元化的经济。对进入市场的主体资格，必须由法律加以明确；对主体间的各种复杂关系，也需

---

① 姜伟. 全面深化改革与全面推进依法治国关系论纲 [J]. 中国法学，2014 (06)：25.

用法律加以规范，使各自的责、权、利明晰化，为市场经济的运行提供必要的前提。②市场经济是公平竞争的经济，而各种公平竞争的规则和秩序，唯有通过法律的形式才能有效地确立和维护。③市场经济是契约化经济。市场经济的运行使各种合同和信用关系得到广泛发展，而这种合同、信用关系必须得到法律上的确认和保障，才能有效实施。④市场经济是受国家宏观调控的经济，宏观调控手段多样，但只有在法律框架下，这些调控手段才能有效发挥作用。⑤市场经济是开放型的经济。它的发展必然会在经济上打破地区和国家的界限，形成世界市场和多种形式的国际联系。要使本国经济有效地参与国际竞争，就必须实现本国市场经济的法治化，并使之与世界市场经济运行的一般规则相衔接。因此，市场经济必然是一种法治经济。在市场经济逐步走向成熟的过程中，法治的重要性将愈发凸显。

第二，依法治国是扩大社会主义民主，实现国家政治体制改革，建设社会主义政治文明的需要。社会主义国家是人民当家作主的国家，它当然地要求民主制。而政治体制改革，其核心就在于扩大和完善社会主义民主制。然而，民主制并不是由每个公民自行其是地来决定国家大事，它必须依靠体现人民整体意志的法来管理国家。这就是民主的法律化、制度化。只有在法的统一的、正确的指引下，人民才可能有序地参与国家管理，包括人民按照法定程序选举自己信任的代表，组成国家权力机关，并通过国家权力机关制定法律，组成其他各级各类国家机关，行使管理国家事务、经济文化事业和社会事务的权力，切实保障人民的自由和权利，同时对国家机关和公职人员实行有效的监督，使公职人员真正成为人民的公仆；当人民的这些权益受到侵害时，可以依靠法律获得救济。所以，依法治国是发展社会主义民主，促进政治文明建设，使人民真正成为国家主人翁的有力手段。

第三，依法治国是建设社会主义精神文明的需要。在社会主义现代化建设的伟大征程中，需坚持"两手抓"的策略，且两手都要坚实有力。法律，作为社会文明发展的结晶，更是精神文明建设的助推器。社会主义制度之优越性，不仅体现在物质文明的飞跃，更在于精神面貌的高尚。社会主义法肩负着重大的历史使命，即为精神文明建设提供坚实的法治保障。它引导着公民树立高尚的社会主义道德观念，营造遵纪守法的良好氛围，有效克服社会生活中的无序状态。同时，法律还致力于通过普及公民教育、提升科学文化水平，让每一个公民都能掌握现代科技，以此推动生产力的快速增长，为实现"科教兴国"的战略方针提供坚实的法治支撑。这样，法治与精神文明建设相互促进，共同推动社会主义现代化建设的全面进步。

（二）依法治国的理论基础

随着历史的发展，从"法制"转变到"法治"，再到"依法治国"的确立，最终到我国"治国基本方略"，虽然过程很漫长，但却从缺乏实质的"法制"迈向了具有真实意义的"法治"。社会在不断发展，我国的法治也随着不断完善。依法治国的提出关系到人民自身、经济、文化和社会各个方面。因此，依法治国不仅是社会主义政治文明的主要内容，更是社会主义市场经济发展的新常态，与改革同步发展。国家和谐稳定健康地发展，有利于经济的发展与繁荣，有利于文化事业与和谐社会的发展。所以法治国家的构成与社会的经济发展和文化发展有着密不可分的联系。

依法治国的提出是社会发展的产物，是几代领导人不断摸索社会发展的规律提出的反映人民根本需要、人类文明社会发展的需要的集中体现，它不仅是治国理政的良法，更是国家富裕、人民幸福的必由之路。

第一，依法治国是市场经济的客观条件，它被市场经济的发展所需要，它是由市场的属性所决定的。市场是多元化的发展，是经济的主要体现，以追逐利益为主要目的，以公平公正和自由交换为基础，这也就意味着市场经济的发展必须要有法律法规进行调和。这是我国经济体制改变的根本区别。计划经济更趋向于政府化，市场经济更趋向于市场的实际需要。市场经济的快速发展必然会出现很多问题。国家经济发展到一定程度必然会产生国与国之间的交易，这也标志着市场的发展必然会纳入国际化的轨道。一个国家的法治不完善，就必然会影响对外的引进和贸易，开展国际的文化和科技交流也必然需要完备的法律体系作保障。

第二，人类文明的不断进步从客观上完善了依法治国。法治具有法律的工具性，也具有人的理性。法是人类智慧的结晶，是人通过实践总结出来的成果。它比少数人掌握过国家命运，处理国家大事更符合国家发展的规律。原则、规范、教育、指引、评价、惩戒是法律具有的特殊属性，它符合社会的需求，所以能够成为改造世界的工具。法律的好与坏直接体现了社会文明的程度。

法律的理性价值，深刻体现在其调和矛盾与展现特性的双重层面。一方面，面对三大矛盾，法律如同一位智慧的调解者。社会秩序与人的自由，在法律的框架内得以和谐共存；物质与精神的双重需求，在法律的引导下寻求平衡；而社会管理部门与社会成员之间的冲突，也在法律的公正裁决下得到缓解。法律正是这样的显性与隐性调和者，它确保了社会的和谐稳定。另一方面，法律自身的特性也彰显了其理性价值。法律的普遍性，意味着它适用于所有社会组织和个人，不偏不倚；平等性，保证了法律面前人人平等，维护了社会的公正与尊严；公开性，使得法律成为全体社会成员共同遵守的准则，增强了其公信力；而不可逆性，则确保了法律的权威性和稳定性，使得社会运行有了坚实的法治基础。

第三，依法治国能保障国家长治久安。法律制度是权力的约束，是对公民对管理者对社会发展出现错误时的提醒和纠正。社会的发展就是法治演变的实践，文明社会的又一次进步，也表明了社会的选择更倾向于完善的政治文明。从理论角度来说，提出并想要实施法治的人具有进步的思想，同时也是人民对美好社会的向往和愿望。

（三）依法治国的基本特征

1. 实践性特征

（1）基于实践需要确立法治建设目标。任何实践工作的开展都离不开清晰的目标指引。

第一，依法治国明确了法治实践总体目标。法治中国建设目标，将"法治"的普遍追求与"中国"的独特国情紧密结合，全面依法治国在法治的道路、理论与制度上均得以深刻体现。这一目标不仅从静态和结果的角度出发，描绘了法治建设目标的最终愿景，更是对"建设社会主义法治国家"目标的深化与提升。

而"中国特色社会主义法治体系"则聚焦于"法治体系"这一核心，以"中国特色社会主义"为灵魂，从五大体系建设角度详细阐述和明确了法治建设的具体目标。这一体系从动态和过程的角度，清晰勾画了法治实践的总体蓝图。

两者相辅相成，一动一静，一个注重结果，一个强调过程，一个抽象而终极，一个具体而明确。它们相互补充，相得益彰，使得全面依法治国的建设目标在内在层次上更为分明，涵盖内容更加全面。这一结合不仅体现了法治的普遍价值，也彰显了中国特色，为法治中国的建设提供了明确的指导和坚实的支撑。

第二，依法治国明确了法治实践具体目标。法治实践基本环节主要包括立法、执法、司法、守法四个方面。对于这四个基本环节，分别用科学、严格、公正、全民对其进行目标定位，同时又分别用比较通俗直白的语言对其进行了深刻阐释。

（2）围绕法治实践目标确立实施路径。

第一，实践主体的广泛性。强调人民作为依法治国的力量源泉所具有的主体作用、中国共产党作为执政党所具有的领导核心作用，同时，还强调法治工作队伍作为主要实施主体所起到的关键推进作用以及领导干部作为"关键少数"所发挥的引领和表率作用。落实全面依法治国基本方略的推进主体涵盖政党、政府、社会，涵盖领导核心、实施主体与"关键少数"，深刻体现了全员、全程、全方位覆盖。

第二，实践路径的全面性。因依法治国涉及治党治国治军各个领域、各个环节，不可能面面俱到、均衡发力，必须依据两点论与重点论相统一的原理，在全面推进的基础上紧抓重点领域和关键环节。

第三，实践思维的深刻性。在深刻阐释其全面依法治国思想时，应始终把实践思维贯穿于其全部论述之中。对于其所作出的任何一个重要论断，都应为该论断的具体践行提供一个清晰明确的路径指引。例如，在论及全面推进依法治国必须狠抓领导干部这一"关键少数"时，就应解决好领导干部的思想观念问题、依据党内规矩狠抓党员干部管理、明确党政主要负责人系法治建设第一责任人等三大主要路径，为通过加强思想建设、组织建设、制度建设等途径切实发挥领导干部的"关键少数"作用提供了基本依据。

2. 真理性特征

（1）深化对法治建设规律的真理性认识。一种科学理论的最大威力在于其自身所具有的真理性，在于其在认识世界和改造世界过程中所发挥的说服力与影响力。全面依法治国思想的真理性，体现在其全部的理论观点都立足于实现和维护好最广大人民的根本利益上，体现在其把推动实现全人类的共同发展作为全面依法治国的最高价值追求上，其以全新的视野深化了对新时代中国特色社会主义法治建设规律的真理性认识，表现如下：

第一，从构建人类命运共同体的世界情怀出发，倡导积极参与全球治理体系变革，并通过其全面依法治国思想中所充分展示的真理智慧与实践力量，有力推动了人类法治思想文明的共同进步，并有力推动了法治现代化实践路径的多元性和多样性发展。

第二，对党的领导与依法治国基本方略之间相互关系的深刻阐释，对党的领导与社会主义法治基本要求之间相互关系的辩证分析，对党的领导与中国特色社会主义本质特征之间相互关系的深刻揭示，全面深化了对中国共产党落实依法治国基本方略、落实依法执政基本方式的规律性认识。

第三，在推进国家治理体系和治理能力现代化的进程中，始终强调将治国、执政、行政全面纳入法治轨道，确保各项工作依法有序进行。这一过程中，国家、政府、社会三者紧密相连，共同构建法治化的社会环境。中国特色社会主义法治体系建设被确立为总目标、总任务与总抓手。

坚持捍卫人民群众的主体地位，维护其根本利益，这是法治建设的出发点和落脚点。同时，坚持和巩固党的领导，是确保法治建设正确方向的核心。在此基础上，以促进和维护社会公平正义为价值导向，不断深化对中国特色社会主义法治建设的规律性认识，为实现国家治理体系和治理能力现代化提供坚实法治保障。

（2）具有与时俱进，开放包容的理论品质。任何科学真理都是绝对真理与相对真理的辩证统一，需要根据实践的推进需要而不断创新发展。全面依法治国思想作为中国特色社会主义法治理论的最新理论成果，其真理性体现在其本身并不是自我封闭的，而是一个能够不断与外界进行交流，并能够随着实践需要而不断发展的开放系统，具有与时俱进、开放包容的理论品质。

第一，与时俱进的理论品质。体现在其对当代中国法治建设所面临的一系列亟待解决的、带有全局性、根本性的重大理论与现实问题，均予以了深刻回答，呈现出超越时代的创新性，主要表现在：①在法治内涵方面，不仅从公正性和人民性角度论证法治的价值追求，从全面从严治党、全面深化改革角度论证法治的外延，而且从"四个全面"战略布局高度明确法治的地位和作用，从系统论角度论证法治的总体布局，这些都使得法治的内涵更加丰富、科学、全面；②关于全面依法治国战略考量的深刻论述，不仅使得全面依法治国基本方略的地位和作用更为凸显，而且也为全面深化改革、全面从严治党纳入法治轨道提供了坚实的理论依据。

第二，开放包容的理论品质体现在其为后续开展相关理论研究与实践探索提供了更为广阔的空间，主要体现在：①依法治国思想所确立的法治实践总体目标、法治实践具体目标，作为一个整体和系统的目标体系，其体系构成的各部分要素之间的相互关系研究仍将是当前和今后很长一段时期内法治建设目标研究的重要方向；②依法治国思想主张把形成完善的党内法规体系纳入中国特色社会主义法治体系建设之中，为党内法规的法治化提供了基本理论依据，这也就使得党内法规体系与宪法法律体系之间的关系研究已成为一个极其重要的研究方向；③依法治国思想把党与法治的关系问题明确为法治的核心问题，提出要坚持依法治国和依规治党有机统一，以及不断加强和改善党对法治的领导，这些都需要学界必须对全面从严治党与全面依法治国所面临的各种新问题新情况及时做出理论回答；④依法治国思想把坚持全面依法治国作为新时代坚持和发展中国特色社会主义的基本方略之一，全面提升了全面依法治国的战略地位，但其在十四条基本方略中所处的地位与作用研究，其与"八个明确"要求之间以及其与其他十三条基本方略之间的相互关系研究，还有赖于学界在深入学习中国特色社会主义思想的基础上，加强相关的理论研究。

3. 逻辑性特征

作为科学的思想理论，全面依法治国思想并不是思想观点和基本原理的简单集合，而是构成一个具有内在逻辑联系的科学理论体系。

(1) 深刻体现了唯物辩证法的基本原理。依法治国思想，作为一套严谨科学的理论体系，极其重视其各构成要件间的逻辑联系与辩证关系。这种对事物普遍联系的深刻洞察，正是马克思主义唯物辩证法的核心体现。依法治国思想体系遵循提出问题、分析问题、评价问题、解决问题的逻辑路径，进行有条不紊的论述。其五大构成要素并非孤立存在，而是紧密相连，共同以解决问题、化解矛盾、全面考量、突出重点为指引。从目标设定、方向选择、布局规划、路径探索到保障措施，依法治国思想体系全面回应了新时代全面推进依法治国所面临的重大理论和实践挑战，在彼此交织的逻辑关系中，闪耀着马克思主义哲学的智慧之光。

第一，关于依法治国的战略考量是前提。它统一了思想认识，明确了理论依据，勾勒了战略目标，是其他四个方面的出发点与落脚点，解决了"什么是全面依法治国、为什么要全面依法治国"的问题。

第二，关于依法治国的根本方向是关键。它为战略考量的落实、总体布局的明确、推进方略的确立、保障机制的选择框定了唯一正确方向，并有效杜绝了其他一切不利因素的不当干扰。

第三，关于依法治国的总体布局与推进方略是核心，它们承上启下，紧紧围绕既定战略目标、发展方向，系统布局，重点突破，为全面依法治国各项具体工作的扎实推进提供了系统的战略布局和明晰的战略路径。关于全面依法治国的根本方向、总体方略、推进布局解决了"怎么样全面依法治国"问题。

第四，关于依法治国的保障机制是基础。针对全面依法治国推进过程中所亟待解决的人才保障、推进主体、发展动力等问题，它系统地提出了一系列解决方案，为全面依法治国其他四个方面的充分实现提供坚实基础和有力保障，解决了"如何保障全面依法治国"的问题。

（2）始终把党的领导作为其核心和主线。党的领导是统领和贯穿全面依法治国思想的核心和主线，主要体现如下：

第一，依法治国思想所阐述的关于全面依法治国的战略考量，无论是基于其系新时代坚持和发展中国特色社会主义的基本方略之一，或者是基于其系"四个全面"战略布局的重要一环，或者是基于其系实现国家治理体系与能力的现代化的现实需要，或者是基于其系实现党和国家长治久安的长远考虑，其最终目的都是旨在通过依法治国这一治国理政的基本方略来加强和改进党的领导，巩固和发展党依法执政的基本方式，从而实现党的长期执政。

第二，依法治国思想所阐明的关于全面依法治国的根本方向，则把坚持党的领导作为中国特色社会主义法治道路的核心要义，把坚持党的领导作为坚持中国特色社会主义法治道路的根本政治保证。

第三，依法治国思想所确立的关于全面依法治国的总体布局，则明确把党作为全面依法治国总体布局的推进主体和建设主体，并以党的依法执政作为根本保障。

第四，依法治国思想所确立的全面依法治国推进方略，独具匠心地将党内法规体系融入中国特色社会主义法治体系之中，将党依宪治国、依宪执政置于首要位置。其策略围绕科学立法、严格执法、公正司法、全民守法这一法治建设基本格局展开，同时强调依法治国与以德治国相结合，依法治国与依规治党有机统一。这一方略的细化与深化，使得全面依法治国的推进更加具体、明确且有力，为法治国家的建设提供了坚实的理论支撑和实践指导。

第五，因党是法治工作队伍的领导者和建设者，是推进法治领域改革的组织者和推进者，是各级领导干部的管理者和监督者，故依法治国思想所阐明的关于全面依法治国的保障机制，无论是加强法治工作队伍建设、推进法治领域改革，还是紧抓领导干部这一"关键少数"，都是把依托和加强党的领导作为根本出发点和落脚点。

（四）依法治国的基本内容

"在全面依法治国进程中，坚持依宪治国、依宪执政，确保宪法至上的法制地位，维护宪法权威"① 至关重要。

1. 依宪治国

依宪治国是依法治国的潜在内涵，宪法是我国的根本大法，是一切法律体系、治国理念的根本，它是人民意志的体现，是法治的内在要求，是实现法治中国的保障。

（1）依法治国首先要依宪治国。要全面推进依法治国，必须加速构建社会主义法治国家的步伐。这一进程的核心在于尊崇和维护宪法的权威，确保宪法的有效实施。宪法作为国家的根本大法，不仅涵盖了政治、经济、文化、生活、外交、教育等各个领域，更涵盖了国家事务和人民生活的所有规则和原则。国家形式、国家性质、指导思想、方针政策、根本任务等，都是依法治国不可或缺的内容。在我国，依宪治国始终被置于依法治国的核心位置，它是依法治国的前提和基础，彰显了社会主义法治国家的坚定决心和明确方向。

第一，宪法是民主政治的保证。宪法是人民权利的保障，宪法的制定需要在保障人民主权的前提下进行，同时宪法也是保障人民主权能够实现的依据。所谓民主政治就是在人民民主的前提下开展、制定、执行的政治活动。宪法保障人民主权和民主政治制度才能够实现人民当家作主。所以，宪法与人民主权与民主政治有着紧密的联系，宪法制定、确立、执行都需要人民主权为基础，宪法是民主政治的法律保障，它为人民提供自由发展的空间和民主的权利。

第二，宪法是公民权利的保障。中国共产党的领导全国人民运用依

---

① 秦前红. 宪法至上：全面依法治国的基石[J]. 清华法学，2021，15（02）：5.

法治国的治理模式，依照宪法和现有法律规定管理国家各项事务、社会、经济、文化、生活等，使各项事务的开展都能够按照法律的规定来进行，从而促进社会主义法治国家建成。国家的法律和制度不会因为领导人改变而改变，也不会因为个人或少数人的意志而转移。依法治国保障了人民的民主权利，保障了社会各项事务拥有公平公正的环境。而宪法就是依法治国实施的理论支撑，是人民行使自身权利的保障。国家权力源于公民权利，国家权力的行使以公民权利的实现为目的，这也充分证明了公民权利在宪法上有重要的地位。

第三，宪法至上是法律的重要保障。法律实施的基本条件是要有明确的法律制度和法律规定，切实的管理和实施能力。宪法是国家的根本大法，是一切制度、规则、原则的前提，也是法律的前提。宪法拥有最高法律效力，为法律的是实施和保障提供了坚实的后盾和依据，其中与宪法有分歧的地方不具备法律效力。法律能够实现的前提是完备的宪法规定。所以，宪法至上是依法治国的基础和核心。

(2) 依宪治国的实现路径。

第一，加强宪法的宣传工作。宪法的宣传，是国家相关部门的重要职责，旨在将宪法的精神、条例、原则和法律效力以通俗易懂的方式传达给广大人民群众。宪法作为国家的根本大法，虽然其直接的执行和约束力不像法律那般明确，但它拥有自身独特的规范和制度框架，承载着国家最基础的规则和原则。

宪法的不可轻易更改性，使得它能够适应时代的发展，不断焕发出新的活力，这也是宪法能够真正发挥作用的关键。依宪治国是依法治国的核心所在，任何治国理政的活动都必须依照宪法的原则来进行。

第二，完善宪法。宪法可以形象地看成是一种法律法规或法律条文，其自身有制约能力和约束力，其功能是规范各个领域的职能和协调各界的关系，来维持社会的公共环境。因此，宪法是一切法律、制度的依据。

它应与时俱进，与客观的社会情况相适应，与人民的意志相一致，才能发挥其自身的作用。依据唯物辩证法的理论，世界是一个有机的整体，处于世界中的一切都可能存在彼此之间的影响、作用和约束，并反对从孤立的角度看待问题。这说明宪法并非一成不变，它与我国的社会发展相呼应，它需要与时代相融合，只有这样宪法的效力才能发挥最大的作用。这意味着宪法的制定者要随着时代的变化不断地完善宪法的内容和制度，更要准确地定位和判断，使依法治国的依据更有说服力。

第三，理顺党法关系。国家的发展要求在政治、经济、文化等事业上共同发展，但在根本上，政治思想要具有先进性和稳定性，这要求党发展民主与法治，精减结构与程序、健全监督与法律体系等。在此之前是要理顺党和法的关系，要提升法的权威和尊严。党必须接受法律的约束。这要求党员干部要约束自身行为，建立监督、监管、记录、备案、追责、公开的制度等。并积极配合依法治国的各项措施和规章制度。

第四，发展社会主义市场经济，为依宪治国奠定经济基础。在我国大力发展经济建设，是社会主义国家的建设发展的重要手段，同时市场经济的发展也依靠法律制度的保障。社会主义法治与市场经济有着内在联系，市场经济等同于法治经济。从唯物辩证角度，世界上的一切事物都有着相互的联系和矛盾，市场经济和法治也一样，相互影响、相互矛盾。"科学立法、严格执法、公正司法、全民守法"是我国依法治国的衡量标准，这也是对经济发展的保护，依法治国中的各项措施对市场经济有着重要作用，同时只有坚实的经济基础，才能促进依法治国的全面推进。

第五，树立宪法意识。宣传宪法的精神，维护宪法的权威，肯定宪法的地位是我国依法治国、依宪治国的首要任务。积极开展普及宪法工作，这能提高人民的宪法意识和宪法意图，肯定宪法成绩，牢记宪法使命，这也是实现社会主义法治社会的必要手段和途径。人民要学会利用宪法，要努力向宪法的要求看齐，要信仰和尊崇宪法，消灭一切破坏宪法的行为。根据我国的国情来看，树立宪法意识不仅仅是维护个人利益，更是国家的一项持续的发展。树立宪法意识可以使依法治国有效地进行，可以拓宽监督的渠道，促进全民守法。所以，树立宪法意识不仅仅是人民的需要，也是国家建设的需要，更是树立远大理想信念的需要。

总之，依法治国和依宪治国都是我国社会发展的重要组成部分。不难看出依宪治国是依法治国的核心。大力建设法治的过程中要将依法治国、依宪治国、依法执政有机地结合起来，共同推进。确保国家的整体建设和宪法的核心地位，加大宪法的实施和宣传力度，理顺党与法的关系，发展市场经济等，树立全民宪法意识。

2. 依法执政

宪法法律无疑是国家治理、发展、稳定的基石。法律的严谨制度、明确规范和既定程序，为政治发展提供了坚实的保障。政治活动必须以法律为准则，国家的发展亦需依法推进，这是法律对政治的基本要求，也是衡量政治质量的重要标尺。当执政党以国家名义管理国家事务、解决人民矛盾、处理国家重大问题时，必须严格遵循宪法法律，这种基于法治的执政方式，称之为依法执政。

（1）依法执政遵循执政的规律的结果。坚持党的领导是宪法的基本原则，中国共产党是中国特色社会主义事业的领导核心，也是我国长期执政的唯一政党，但党的领导和党的执政存在内在联系也有本质区别。党的领导多数是从政治层面上的引领、指导等；党的执政是从国家治理的层面上管理、执行等。党的执政需要尊崇党的领导，在现实情况下，党不会对国家和人民进行直接管理，而是通过国家的行政部门或宪法、法律规定等方式来管理国家事务。

随着中国共产党的执政规律的演变，党执政依靠政策的时代已经不存在。社会的发展的需要、法治建设的需要、人类文明的需要指引党要依法执政、科学执政、民主执政等已经成为中国共产党执政的基本形式。科学、民主的执政方式都需要坚持党的领导，尊重执政的客观规律、严格执行法律制度、要为人民执政、要依靠人民执政，并保障人民当家作主。宪法在国家的地位是至上的，是法律体系的根源，是根本大法，是最高的法律效力。所以，依法执政首先要依宪执政。宪法的存在包含了国家的各个方面。法律有制约和规范国家执政的标准的权力，政党要通过宪法的要求和宪法的文本来行使国家的权利，所以，依宪执政是依法执政的必然要求。因此，依法执政和依宪执政的实施，说明了法治建设对中国共产党的三大规律中党的执政规律的理解和应用展开了新的局面。

（2）依法执政遵循了政治文明的发展规律。法律，作为人类文明的瑰宝，其诞生标志着人类社会从感性混沌迈向理性有序的制度化时代。政治的发展史，实质上也是文明与法治的交织演进史。国家对政治的理解、理念的更新、制度的构建以及行为的规范、目的的明确，都是政治文明不断进步的生动体现。

法治，作为政治文明的重要标志，其根基在于宪法和法律。在社会主义初级阶段的中国，法治建设更是文明发展的关键环节。从社会经济的繁荣、文化的昌盛、生活的美好，到人权的保障、民主的推进、法治的完善，都与国家文明的发展紧密相连。法治的健全程度，直接反映了国家的文明程度，法律则是政治文明得以实现的基石。

宪法和法律不仅为我国的政治、经济、文化和法治建设提供了坚实的理论支撑和制度保障，更在国家政治层面彰显了宪法的基本制度和国家的政治制度。人民民主专政、政治协商制度、民族区域自治制度等，都是宪法和法律对国家政治制度的具体体现。执政党权力的管理、约束，更是法律有序运行和严格执行的生动写照。

法律不仅与时俱进，不断吸纳社会主义思想的精髓，还敏锐地把握社会主义发展的经济、文化、生活等问题的脉搏，推动社会主义各项事业的全面发展。在宪法中，人民的地位、权利和义务得到了明确，社会主义民主问题得到了重视。宪法既是国家的政治规范，也是人民的行为准则，既关乎国家大事，又贴近人民生活。

（3）依法执政的构建。在我国发展过程中，法治已经成为一种重要的发展模式，社会发展的程度越高法治越重要，这是历史的总结也是人民的心声，也是社会发展的需要。社会的发展不仅需要正确的方式，更需要在正确方式指导下实施。在执政问题上，不仅需要宏观政策的大局观，还需要微观上的细节操作，否则依法执政将成为政策的空壳子。国家执政的制度在社会主义运行中起主要作用，制度的存在使执政更具稳定性，使人民利益更具有保障性。

第一，用法治思维指导执政。执政的法治思维是指在执政的全过程中都要遵守宪法的要求，依照宪法的逻辑对社会问题进行观察、分析、判断。也就是说在每一个环节都要考虑是否符合法律规定，从而更加合理地解决社会矛盾和问题纠纷等。在社会主义的发展中，依法执政的产生明确了法律的地位，确立了政党的执政新方法，科学地运用了法治思维进行执政。国家执政党能否运用法治思维，能否发挥宪法执政的行动力，能否将执政党领导干部和党员的宪法素质提高，都与国家发展，社会稳定，民主政治有着密切的关系。所以，执政的合宪性具有重要的意义。

第二，按照法律的要求和规定执政。在法治社会的构建中，国家所有机关部门、执政党和其他党派、社会团体、军队、武警等无一例外，都必须恪守宪法规定，依法行事。这一原则意味着，任何组织和个人都不得凌驾于法律之上，更不得享有特权。执政党的活动亦需在法律规定的框架内进行，这不仅是对政治体制的尊重，更是对人民意志的回应。

从法律角度来看，执政党和国家在性质上有所区别。政党，作为特定政治目标和主张的集合体，往往只能代表一部分人民的意志。而国家，作为社会公共权力的代表，其意志应当与全体人民的意志相一致。因此，政党在执政过程中，必须处理好与国家、人民之间的关系，确保政党意志与国家意志、人民意志的和谐统一。

在我国，政党要将其意志上升为国家意志，必须经过全国人民代表大会的审议和通过。人民代表大会制度作为我国民主政治的基石，为政党意志的转化提供了制度化的渠道。通过这一制度，政党可以将其决策和主张提交给人民代表审议，进而转化为国家的法律和政策。在这一过程中，人民的意愿得到了充分的体现和尊重，同时也确保了政党意志的合法性和有效性。

此外，政党在执政过程中，还需要构建起与国家政权沟通的纽带，确保政党意志能够顺畅地转化为国家意志。这一纽带的构建，不仅要求政党具备高度的政治智慧和协调能力，更要求政党始终坚持以人民为中心的发展思想，确保政党意志始终与人民意志保持高度一致。

第三，依靠法律制度执政。随着中华人民共和国的成立，党领导人民军队获得抗战胜利，到新时代中国的发展，中国共产党所处的角色也在改变。执政党的地位得以确定，但在社会发展的进程中，执政党的执政方式也在不断变化，传统的执政方式已经不能适应时代带来的冲击，党提出的依法执政、依宪执政顺应了时代的发展，更显示出了党的领导智慧。因此，采用这种最普遍最贴近人民的执政方式，不仅能保证执政为民，还能强化党的形象、公信力、政治资源、执政成本等。从而确保执政在领导层面又有法可依，在人民层面贴近人心。这说明依法执政具有其内在的理论和实际价值，新时代的执政方式更要依托于法律进行。

第四，依靠科学的执政方式。科学执政，这一理念在唯物主义的视角下，要求执政行为必须符合客观规律，遵循执政的逻辑思维，并尊重法律对执政活动的规范。它倡导以科学的视野和角度审视国家问题，合理分配国家权力，以实现国家的科学发展，进而实现科学地管理国家事务。然而，从国家的宏观视角来看，科学执政的深层含义远不止于此。

坚持科学执政，首要的是要深刻理解和把握国家发展的客观规律。执政权力作为国家治理的核心，其运用必须慎重而明智。一方面，权力是推动国家发展、社会进步的强大动力；另一方面，权力的滥用则可能破坏社会和谐稳定，甚至危及国家的命运。因此，科学执政要求执政者以客观规律为指南，避免个人意志的任意发挥，确保权力始终服务于人民的利益。

科学执政还体现在执政者对自身观念和行为的严格规范上。执政者必须将自己的言行置于法律的框架内，从制度和方法上严格要求自己，确保执政活动的合法性和正当性。这不仅是对法律的尊重，更是对人民负责的表现。

此外，科学执政还要求党和国家必须深刻了解国情，洞察国际环境。通过学习和借鉴国外成功的执政经验，结合我国的实际情况，可以探索出一条符合我国国情的执政方式和执政思想。这样的执政方式，不仅能够有效应对国内外各种挑战，还能够推动国家的持续健康发展。

党是科学执政的保障：①党执政是我国的政党制度，对国家发展、社会和谐、民族建设发挥着重要作用，也肩负着历史的使命。科学的执政方式能够促进党的领导国家和人民走向辉煌，并能够合理地解决人民的需求和社会发展的需要，固有僵硬的执政方式也必然会影响国家的发展和人民的利益。

第三章 现代国际商法理论与实践

第一节 国际商法与国内法的关系

一、国际商法与国内法的认知

国际商法，有广义和狭义两种理解。从广义上讲，国际商法是调整国际经济贸易活动的全部法律规范的总称，既包括交易规范，也包括管理规范。从狭义上讲，国际商法则是指调整国际商事交易和商事组织的各种关系的法律规范的总称。

国际商法课程具有综合性的特点，包括除市场交易法律，即平等主体的商事组织之间以营利为目的进行跨国的商事交易活动所适用和遵守的法律规范之外，还涉及国家对国际经济贸易活动的管理规范，但是，不以营利为目的进行的国际经济活动比如国际援助不在研究范围之内。

国际经济贸易活动是国际商法得以产生和发展的经济基础。狭义的国际经济贸易活动指国际货物买卖。国际经济贸易活动历史悠久，从产生之时就必然要遵守一定的规则，但这些规则还不能称为国际商法。一般认为，国际商法起源于中世纪的欧洲。早期的国际经济贸易活动在广度和深度方面都比较有限,国际商法也处在萌芽时期,主要是商人之间的习惯法。

国际商法服务于国际经济贸易活动,随着国际经济贸易活动的发展而发展。进入20世纪,商人的跨国交易活动日益普遍、复杂和多样化,在广度和深度上都发生了质的飞跃。国际经济贸易活动已经远远超出了一般的货物买卖,许多其他方式的国际经济贸易活动,如国际保险、国际信贷、国际投资、商事组织、票据、海商、技术转让、工程承包、国际租赁等,要么应时而生,要么渐趋成熟。之后,国家对国际商法的重视程度日益提高,出现了广泛的以国家为主体进行的国际性立法活动。至此,真正意义上的国际商法形成了。

国际商法的内容非常广泛,包括但不限于合同法、国际货物买卖法、国际代理法、国际产品责任法、票据法以及国际商事争议解决等。随着全球化的发展,国际商法在国际贸易和商业活动中扮演着越来越重要的角色。

国际商事活动是国内商事活动的延续和发展,两者本质上并无不同。所以国内商事活动所适用的法律原则上也能够适用于国际商事活动,用以解决国际商事纠纷。但是由于存在跨国因素,各国的法律、历史、风俗习惯、民族心理等存在差异,出于对外国法律不了解所带来的不安全感,交易当事人往往趋向于选择适用自己国家的法律。所以国内法也就成为国际商法的重要渊源之一。如果当事人双方都坚持适用自己国家的法律,那就难以达成一致,这个时候就需要国际条约、公约及国际惯例来解决僵局。那些各国都接受的条约、公约及惯例能克服国际商事交易当事人相互之间的不信任和不安全感,促进国际经济贸易活动的发展。但由于条约、公约及惯例远远没有覆盖国际商事交易的所有领域,所以,学习和研究国际商法,就不可能离开各国的国内法。

二、国际商法与国内法的共生关系

国际商法与国内法之间，展现出一种既各自独立又紧密交织、相互渗透、互为补充并共同促进的复杂而微妙的共生关系。以下是对这一关系的深入剖析：

（一）独立并行的双轨体系

在法律体系的层面上，国际商法与国内法各自占据着独特的地位。国际商法，作为调整跨国商事活动的法律框架，其国际性不言而喻，它超越了单一国家的界限，通过国际协议、条约及惯例等形式，构建起全球性的商事法律秩序。而国内法，则深植于国家的土壤之中，旨在调整其管辖范围内的各类社会关系，具有鲜明的地域特征和国家意志的体现。

（二）相互交融的边界模糊化

随着全球化的浪潮席卷全球，国际商事活动的频繁与深入，使得国际商法与国内法之间的界限日益模糊。一方面，国内法在立法过程中，越来越多地吸收和借鉴国际商法的先进理念与制度设计，以确保本国法律与国际接轨，促进国际贸易与投资的便利化。另一方面，国际商法也在不断发展中，积极融合各国国内法的优秀实践，以适应复杂多变的国际商事环境。这种双向的渗透与融合，使得两者之间的界限变得不再那么泾渭分明。

（三）互补共进的和谐共生

国际商法与国内法在调整对象与范围上虽各有侧重，但二者之间并非孤立无援，而是形成了互补共进的良好态势。在国际商事活动中，当国际商法因种种原因无法全面覆盖某一领域时，国内法便适时地填补这一空白，提供必要的法律支持。反之，国内法在处理涉外案件时，也需借鉴国际商法的相关规定，以确保判决的公正性与国际认可度。这种互补关系不仅促进了法律体系的完善与发展,也推动了全球商事法律制度的统一与协调。

(四)具体表现的多维度展现

从法的主体、对象及渊源等多个维度来看,国际商法与国内法的交织共生关系得到了进一步的印证。在主体方面,国际商法的广泛性涵盖了国家、国际组织及跨国商事主体等多元主体;而国内法则聚焦于国内的自然人与法人。在对象上,国际商法专注于跨国商事关系的调整;国内法则全面覆盖国内各类社会关系。至于法的渊源方面,国际商法以国际条约、惯例及国内相关法规为基石;国内法则以宪法、法律、行政法规等构成其完整的法律体系。

第二节 国际商事主体法与行为法

一、国际商事主体法

(一)商事登记

1. 商事登记概念和法律性质

(1)商事登记概念。商事登记制度是指商主体或商主体的筹办人为了设立、变更或终止其主体资格,按照法律规定的内容和程序向登记机关申请登记,经登记机关审查核准后将登记事项载于登记簿,并通过一定的方式将登记事项加以公示的综合法律制度。

(2)商事登记的法律性质。对于商事登记的私法、公法性质界定,可以从所涉及利益出发。公法是涉及公共利益、公共关系、强制或管理关系的法,而私法涉及到个人权利、个人利益、是自由意志被充分保护的法。从主体上界定私法和公法性质,私法性质是指调整私人平等关系,公法性质多存在于政府进行管理而调整不平等关系。从权利和权力的角度进行区分，公法性质代表国家和政府的权力，私法性质则强调保护私人的权利。目前私法公法化、公法私法化是法律发展的趋势，现代商法公法化尤为明显。商事登记制度的性质既不能排斥公法性因素，又要求公法性因素时刻围绕为私法交往服务的宗旨。

商事登记中申请人的申请行为是私法行为，主管机关的审核登记注册行为具备公法性质，商事登记的性质既具有公法性质，又具有私法性质，是一种混合行为的性质。市场经济的今天，商主体依据自由意志选择申请商事登记，登记主管机关通过登记的方式对商事主体的活动进行监督，保障商事交易的安全性。商事登记中私法行为和公法行为相统一尤为重要。商主体通过商事登记取得主体资格，商事登记制度对商主体而言，更多的是服务功能，其服务性质多于国家进行经济管理的性质。因此，商事登记兼具明显的公法和私法属性。

2. 商事登记的效力

（1）商事登记效力的分层。商事登记作为一项法律行为，探究其不实登记的效力，先应把握商事登记效力的分层。商事登记包括三种效力分类，即消极效力、积极效力和特殊效力。

各国法典均规定，对于商主体已经登记注册的事项，商主体可以对抗善意第三人，而应登记却未登记的事项，商主体则不能对抗善意第三人，此效力为消极效力。此外，各国对商事登记的积极效力，如：商主体一旦依照法律的规定完成了登记，除非第三人存在不知悉且为不可抗力的正当理由，对于已完成并公告的登记事项，无论第三人是善意还是恶意，已进行登记的商主体可以就登记事项来对抗第三人，这种效力称之为积极效力。

消极效力和积极效力可统称一般效力，或对第三人的效力。商事登记的特殊效力是指，针对商事登记中的一些特殊行为在法律上取得的效

力。具体而言主要有以下三种情况:

第一,商事登记对商号名称的登记效力,在德国、荷兰等国家,商人资格的取得不以商事登记为要件,但要使其商号获得法律保护就必须注册登记。

第二,商事登记人因登记行为的完成而取得的请求权,商事负责人或利害关系人就业已登记的事项对自己出具证明书、登记簿以及附属件抄阅请求权。

第三,证明商主体的营业能力,商事登记不仅为商主体取得主体资格的要求,也是商主体营业能力的证明,只有获得营业许可后才能实际取得营业权。

(2)商事登记中不实登记效力。当商事登记事项与事实不符时,出现不实登记效果。其主要类型包括:①因故意或过失登记导致登记不实;②因登记事项发生变化,却未给予变更登记和公告,而产生的不实登记;③因公告与登记不符而出现的不实登记。不实登记的事项可否对抗第三人,并产生何种法律效力,德国和日本的商法典中都有相关的立法加以规范。大陆法系国家普遍认为,如果出现不实登记,不实登记部分是不能对抗第三人。但不实登记事项对第三人有利的,不作对第三人的不利解释,这是从保护第三人利益出发。总体上,各国对于不实登记的效力主要有两方面规定:一是对于不实登记部分不能对第三人产生对抗效力;二是对善意第三人做了例外补充。

在不实登记法律责任的追究上,由于登记失误的原因不同,追究责任时,应区分因申请登记人故意或过失而导致的不实登记和因商事登记机关导致的不实登记。对于因申请人造成的登记不实,属于商事登记申请人违反了登记真实义务而需承担的责任。当出现登记不实,商事登记申请人除了承担商事法意义上的责任,还应该在公法层面上对商事申请人的不实登记给予行政处罚。对于因商事登记机关导致的不实登记,由于是商事登记机关违背了真实公告义务,处罚措施应针对商事机关进行。在后者登记不实的责任规范上,法国有成熟的经验,一旦其本国的商事登记机关出现了登记错误或虽然完成了登记但登记后没有按照法律规定予以公告或准确公告,商事法院书记官要为此承担损失赔偿责任。

(二)商事代理

代理,此概念在传统民法学中早已存在,但代理这个概念运用到商事领域后,其内涵就因商事关系的特性而发生了一些特殊变化。代理的特质是代理人以其自身的行为为他人的利益服务。商事代理是指包括代理商的代理以及法定代表人、经理人、其他商业使用人的职务代理。

1. 商事代理的类型

(1)商事职务代理。商事职务代理,也称为营业辅助人代理,是指代理人基于其在商事组织内部所担任的职务及由此而衍生的职权,对外代理该商事组织实施商事法律行为,该法律行为的后果归属于商事组织承受的法律制度。上述代理人主要包括法定代表人、总经理、以及部门经理、项目经理、店员等商业使用人等类型。

第一,法定代表人的职务代理。关于法定代表人的性质,民法理论界主要有两种观点,即"代表说"和"代理说"。代表说在大陆法系国家盛行,该观点的理论基础是法人实在说,它认为,法人具有意思能力和行为能力,其意思能力与行为能力需要依靠其代表机关即法定代表人来实现,也就是说,法人和其法定代表人具有同一人格,代表人的行为即法人自身的行为。代理说则在英美法系国家盛行,该观点以法人拟制说为基础,它认为,法人是拟制体,因法律赋予其人格而存在,若离开法律则法人本身并不存在,故法人本身没有行为能力。另外,法人的对外意思表示是通过代理人实现,代理人与法人主要依靠代理关系进行调整。

《中华人民共和国民法典》(以下简称《民法典》)规定,法人是具有民事权利能力和民事行为能力,依法独立享有民事权利和承担民事义务的组织。《民法典》中分别对法定代表人的行为效果归属、越权行为效力以及职务代理的相关行为做了规定，而且分别规定了对法定代表人代表权与职务代理人的代理权不得对抗善意第三人，可见上述法律条文采纳了法人实在说，并对法定代表人代表权和代理权做了二元区分。

尽管"代表说"是以法人实在说为基础，但是并不意味在《民法典》采用法人实在说对法人进行了定义的背景下，在法定代表人对外实施法律行为的性质问题上必须采纳"代表说"。正如完全行为能力的自然人可以授权他人代理自己实施法律行为一样，具有行为能力的法人也可以由他人代理来对外实施法律行为。根据《民法典》规定，法定代表人以法人名义从事的民事活动，其法律后果由法人承受。因此，从行为效果归属来看，一般的职务代理与代表，其行为后果都归属于委托人，代表说与代理说两种观点在行为效果方面也无实质区别。法定代表人制度可以被视为代理法的特别法，代理法的规则可以被用于规制法人机关以法人名义实施的行为。从商事代理视角看，将代表（表见代表）与代理（表见代理）进行区分并不合理，其认为应该将代表纳入商事代理范畴，形成一体化的商事职务代理概念。最高人民法院在具体的审判实践中也曾认为，法定代表人代表制度是代理在商事企业法人领域的特别规定，在无明确规定时，可以适用代理的一般规定。

综上，从构成要件和法律效果归属的角度去衡量，法定代表人制度与代理制度并无本质区别，用代理理论去判定由法定代表人以法人名义实施的法律行为的有效性是合理的。

第二，总经理的职务代理。总经理是公司的高管之首，主要负责执行董事会决议，在董事会授权范围内处理公司日常经营业务。在研究经理的职务代理权之前，我们有必要先研究一下经理权。经理权是商法理论研究领域的一个重要概念，指的是经理层在法律、公司章程或者商业契约所规定的范围内执行公司业务所必需的权利。经理权由对内对外两部分权利构成，对内权为对企业内部事务的管理权，是基于经理职位应该履行的对内事务管理职责而产生；对外权即为商事代理权，是基于商事活动的实际需要而发展起来的一种概括性的代理权。经理对外权利的本质，是对外从事交易的资格或地位。从内部关系看，公司与经理之间是雇佣合同关系，属劳动法适用范围；从外部关系看，公司、经理与第三人是委托代理关系，属代理法的适用范围。

第三，商业使用人的职务代理。现实生活中，公司除了聘任总经理外，往往还设置部门经理、地区经理、分店经理等职位。商事组织对前述商业使用人的权限授予通常与具体职务相结合，担任特定职务即具有其职权范围内事务的代理权。他们与法律意义上的经理，也就是前面所称的总经理有明显的区别。具体表现为：在与商事组织之间的关系方面，前者与商事组织之间从属性强，与商事组织之间构成劳动关系，而总经理是商事组织主要的商事代理人，与商事组织之间一般构成委任合同关系。从代理权的范围方面，经理代理权通常为概括授权，其代理权限一般以商事组织的全部经营范围为限，通常予以公示。而分管经理或者店员仅在处理某项具体事务范围内有权限，其受任业务范围因专业分工而受限，权限通常不公示。

第四，以合伙人为代表的特殊职务代理。合伙企业是一种商业主体，在性质上它属于非法人组织，是法律拟制的独立个体。虽然法律规定合伙企业可以以自己的名义从事民事活动，但是事实上其必须借助自然人代为实施法律行为即执行合伙事务。法律规定合伙事务由全体合伙人共同执行或者按照约定委托一名或数名合伙人执行。基于投资或合伙关系，合伙人自然相当于合伙企业的商业辅助人。合伙人实施的执行合伙事务的行为，属于代理行为，是基于其对合伙企业相关业务的执行权产生的特殊的商事职务代理。

（2）代理商代理。现实生活中，代理商代理模式被广泛应用。除了最常见的商品采购和销售领域，证券代理、保险代理、期货代理、专利代理等商事业务形态也已普遍存在。在上述商事代理业务中，代理商的代理业务已经远远超越了代为实施民事法律行为的范围。一些代理商的业务从常规的代为缔结合同、提供媒介服务逐渐发展到商业渠道维护、品牌管理、营销管理等领域。生产商的产品除了其自身积累的品牌影响和广告宣传，代理商的营销模式、销售渠道、信息网络也是重要传播途径，甚至一些小的生产企业要依赖专业的代理商才能获得市场份额。代理商的代理职能构成了委托人核心竞争力的一部分，成为委托人进行渠道竞争的关键环节。代理商已经成为了独立存在的新的商事主体。从代理业务模式来看，上述代理商大部分都是以"间接代理"方式开展的。当然直接代理仍然是存在的，很多领域代理商仍需以委托人的名义开展业务，比如保险代理、税务代理等。

2. 商事代理的法律关系特征

从法理基础角度看，商事代理与民事代理有共同之处，但商事代理并不是民事代理的简单演化，商事代理的价值追求与民事的代理截然不同，且商事代理的一些行为模式已超越了传统民事代理制度规范的范围。故商事代理有完全不同于民事代理的独特之处，目前研究我国商事代理制度立法，首先应该把握好以民事代理为参照，商事代理法律关系为特殊这个关键。

（1）商事职务代理法律关系特征。

第一，商事职务代理与民事代理的区别。商事职务代理法律关系呈现出诸多与民事代理法律关系不同的特征。

从法律关系产生的基础来看，一般的民事代理的代理人和被代理人基于委托代理合同而产生权利义务关系，而在商事职务代理中，代理人和被代理人之间具有劳动合同这个产生法律关系的基础性前提，而非基于委托代理合同。

民事代理的代理事务通常是特定的、单独的某项事务，但商事职务代理一般具有连续性、长期性，商事主体的法定代表人或者其他商事使用人在其任职期间，以职务范围为限，针对不特定的营业行为而持续展开。

民事代理，包含了有偿和无偿两种类型，被代理人所追求的未必是经济利益。而商事职务代理的法定代表人、商业雇佣人，其职务身份形成的基础在于服务企业经营，实现企业盈利，根据法律规定或企业授权其实施商事代理行为也是以直接或间接为企业营利为目的。因此，商事职务代理有其独特的法律特征，而厘清商事职务代理中各方当事人之间的权利义务关系是认识和研究商事职务代理的重要基础。

第二，代理人与被代理人之间的权利义务关系。

代理人有合理履行职责或完成代理事务的义务。作为职务代理人，应当依据被代理人的专项委托，亲自完成代理事项，并如实向被代理人报告的代理事务进展情况以及要工作环节细节。

职务代理人对被代理人有忠诚、勤勉义务。职务代理人应自觉遵守单位的规章制度，保守商业秘密，并负有竞业禁止义务、不得滥用代理权，以及不得收受贿赂的义务。

被代理人具有管理代理人及为代理人提供必要履职条件的义务。作为被代理人，需要根据二者之间的劳动合同、委托合同指示代理人实施一定的行为。被代理人有权对代理人的职务代理行为进行监督、管理。

第三，代理人、被代理人与第三人之间的权利义务关系。商事职务代理中，代理人和被代理人之间具有劳动合同法律关系这一前提，其内部的法律关系相对明晰。然而，代理人、被代理人与第三人之间的权利义务关系，以及无权代理、表见代理的认定及其法律后果，是司法实践中经常面临的争议问题，各国法律对此的规制规则方面也存分歧，因此需要重点进行讨论。

一般商事职务代理中的权利义务关系。《民法典》规定，法定代表人产生的依据是法律规范或法人的章程，那么法定代表人的代表权（代理权）及其限制必然也就来源于法律或者章程的规定，所以，原则上法定代表人行使代理权的权限范围不得超越法律及法人章程规定。基于构建法人内部分权制衡治理结构的需要，法律对法定代表人对外行使代理权作了一些特别限制，如《公司法》中规定的公司向其他企业投资或者对外提供担保均须经董事会或者股东（大）会同意，此类限制事项为法定限制。此外法人章程也可以设置对法定代表人权限的限制，法人还可以通过成员决议、股东会或董事会决议等方式对法定代表人的权限进行限制，此即为约定限制或意定的限制。在未违反上述法定限制和意定限制的前提下，由法人承受法定代表人以法人名义对外实施代理行为的法律后果。

对于总经理及其他商业使用人行使代理权而言，一般不存在对其代理权的法定限制。代理人以其任职所在的法人或非法人组织的名义，对第三人实施其职权范围内的代理事项，对该法人或非法人组织发生效力。该法人或非法人组织对代理人职权内容的确定，可以理解为该法人或非法人组织对该工作人员（即代理人）职权内事宜的一揽子授权，该代理人获得的职务、职权本身就可视为其取得了相应委托授权的证明，其无须在每次处理代理事务时向交易的第三人另行提交有关代理权的书面授权证明文件。若代理人实施超出其职权范围的代理事项，越权代理，则构成无权代理的情形。若代理人非以该法人或者非法人组织名义实施法律行为，则应属于无权处分或者侵权行为。

无权代理中的权利义务关系。如果按照职务代理行为的特征因素进行划分，可以分为表面特征和实质特征。代理人以被代理人的名义对第三人作出意思表示为职务代理的表面特征，也就是形式要件；代理行为的法律后果直接由被代理人承担则为实质特征。那么，无权代理的实质就是仅符合了代理行为的表面特征，而缺少实质特征的代理行为。法定代表人超越法律规定行使代理权与超越法人章程或内部决定行使代理权，产生的法律后果不同。当法律有强制性规定时，任何人均不得以不知法律有规定或宣称对法律有不同理解而免于适用该法律是法律职业必须遵循的基本原则。因此，对法定代表人超越法定限制的代理行为，其后果原则上法人不予承受，交易相对人也被推定为非善意，除非交易相对人能够证明自己是善意的。而公司章程或内部决定并不必然为相对人所知悉。根据《民法典》规定，法定代表人超越法人意定限制（约定限制）实施的代理行为，其法律后果原则上仍应由法人承担。在此情形下，交易相对人被依法推定为善意，除非法人能够举证证明该交易相对人为非善意。

经理或其他商业使用人因岗位调整、暂停职务等而失去职权，也就不具有相应的职务代理权，在此种情况下代理人对外为一定的代理行为，则属于无权代理。《民法典》规定，无权代理的法律效果是否及于被代理人，取决于被代理人对代理人的该无权代理行为是否进行追认。若被代理人追认，则该无权代理的法律效果及于被代理人；若被代理人不追认，则该无权代理的法律后果与被代理人无关，代理人成为代理合同中的义务负担者。在第三人权利救济方面，《民法典》还规定了善意的相对人具有催告权、撤销权及对行为人的损害赔偿请求权。《民法典》中关于无权代理的法律规范有效地维护了第三人的合法权益。大陆法系和英美法系代理制度针对代理人无权代理情况，都规定了被代理人的追认权，但也都设定了合理限制。英美法系规定，追认只能发生在"第三人"明确了解被代理人名称及身份，或只了解其中之一内容的情形下。

表见代理中的权利义务关系。表见代理，是无权代理的一种特别形态，于一般的无权代理相比，表见代理的特别之处在于，表见代理的代理人有使第三人相信其具有代理权的合理事由，即具有代理权外观。《民法典》规定，表见代理的的法律后果由被代理人承受；除相对人知道或应道知道该代理行为越权代理外，法定代表人或者非法人组织负责人越权订立合同，构成表见代理。表见代理的实质可归于由代理权外观产生的无权代理风险分配问题。

目前各国关于表见代理的法律规范基本都是以维护善意第三人的利益为价值导向。我国民法学界现在对表见代理的构成要件问题尚存争议，争议的核心点在于是否将被代理人对无权代理事件的发生存在过失作为成立表见代理的构成要件。此争议实质性原因在于被代理人与第三人的利益衡量问题。认为表见代理成立需要被代理人有过失及第三人有信赖的合理性两个要件的观点，倾向于保护被代理人的利益。而认为表见代理成立仅需要第三人无过失的信赖代理人享有代理权这一个要件的观点，其基本出发点是保护第三人信赖利益，能够更有利于保护第三人的交易安全。

（2）代理商代理的法律关系特征。与民事代理及商事职务代理相比，代理商代理所涉及的法律关系的特殊性主要表现在代理人与委托人的内部法律关系方面，即商事代理人对委托人所负义务和所享权利的特殊性。商事代理人或其委托人与交易相对人之间的外部法律关系基于商事交易或其他商行为而成立，该法律关系与民事代理的外部法律关系没有本质的差异。因此，需要重点剖析商事代理人与委托人之间的内部法律关系。

第一，商事代理人的特殊义务。

商事代理人为了使委托人达到提高商事经营效益之目的，必须严格履行委托合同的义务，并充分发挥自己的服务能力，尽力促成或达成交易，并自觉维护委托人的利益。

商事代理人对交易相对人的保付义务。即代理人必须对交易相对人（顾客）保证履行义务，即承担保付责任。这种保付责任显然超越了民事代理中代理人代为做出或受领意思表示所对应的义务。

商事代理人对委托人的及时报告义务。在民事代理中，受托人仅在委托人提出请求时才有报告委托事务的处理情况义务，委托事务处理完毕时才必须及时报告处理结果。但是，在商事代理中，代理事务影响重大，让委托人及时掌握代理交易的动态，有利于积极防范和化解商业风险，故国外商法中大多都有关于商事代理人的及时报告义务的内容设置。商事代理人怠于履行报告义务的，应对因此给委托人造成的经济损失进行损害赔偿。

商事代理人对委托人负有勤勉义务和忠实义务。主要包括：①勤勉义务。《公司法》规定董事、监事、高级管理人员对公司负有忠实义务和勤勉义务，《民法典》中没有专门针对民事代理关系中代理人规定勤勉义务。②保守商业秘密及经营秘密的义务。对此，《民法典》在代理部分及委托合同部分没有做出专门的规定，但是在合同编通则部分规定，当事人应该遵循诚信原则、根据合同的性质、目的和交易习惯履行通知、协助、保密等义务。代理人和委托人之间存在委托合同关系，该条规范的效力及于商事代理人和委托人双方。③竞业禁止义务。商事代理人未经委托人许可，不得从事涉及竞业禁止的商事经营活动。此问题，《民法典》中没有明确的法律规范，但是商事代理实践当中常有涉及，常见于委托人和代理人的合同约定当中。从商事代理实际而言，此项义务的设定也是有必要的。因为在商事代理期间届满以后，代理人实际掌握了委托商与该代理业务相关的大量商业信信息、业务渠道等，代理商已经收取了其因代理业务而应该获取的报酬，如果代理商再利用其知悉的委托商的商业信息和资源开展同类业务，以委托商之矛攻委托商之盾，显然是有违公平和诚信原则的。

第二，商事代理人的权利。

佣金请求权。民事代理多为无偿代理，尤其是基于身份关系而产生的法定代理。但是商事代理的目的存在营利性，以有偿代理为原则。因此商事代理人享有佣金请求权，委托人必须就商事代理人所提供的代理服务做出对待给付。

要求委托人对其代理活动提供必要支持的请求权。商事代理人有权要求委托人提供必要的条件及支持，包括但不限于要求委托人提供其代理的业务所必须的资料和信息。

法定的商事留置权。《民法典》中设定了民事主体的留置权，但是限定留置权人只能留置其已合法占有的动产；《民法典》规定除企业之间留置之外，债权人占有留置动产的原因须为其占有留置物的原因法律关系产生的债权。

二、国际商事行为法

（一）国际货物买卖法

国际货物买卖法，作为国际商法的核心构成，其重要性不言而喻。买卖法，特指狭义上的买卖法，即那些专门调整货物这种动产买卖法律关系的规范。

在全球化的大背景下，国际货物买卖成为国际贸易的核心方式。各国买卖法以及相关的国际公约、国际惯例，共同构建起了国际货物买卖法的框架，为跨国交易提供了法律保障。这些法律规范不仅确保了交易双方的权益，也促进了国际贸易的顺利进行。

1. 国际货物买卖合同中买卖双方的义务

在国际货物贸易中，买卖双方当事人的权利和义务是相互对应的，买方的权利就是卖方的义务；反之，卖方的义务就是买方的权利。

（1）卖方义务。卖方的义务主要有两项：①按照合同和公约规定提交货物与单据以转移货物所有权的义务；②担保义务。

第一，提交货物和单据的义务。提在国际货物买卖中，提交货物和单据无疑是卖方所承担的一项关键义务。在装运合同模式下，一旦卖方在指定的港口完成了货物的装运，便意味着交货的完成，装运时间即是交货时间。这一环节对于确保交易的顺利进行至关重要。

与此同时，卖方还需确保所提交的单据完整无误。根据《联合国国际货物买卖合同公约》（以下简称《公约》）的规定，单据的完整性对于买方顺利占有货物、行使对承运人或保险人的索赔权至关重要。这些单据包括但不限于提单、发票、保险单、装箱单、商检证、领事签证以及原产地证明等。

卖方的这一义务不仅要求其在合同所规定的时间和地点移交货物和单据，而且在合同未明确规定时，还需遵循《公约》的相关规定进行操作。这一义务的履行，不仅体现了卖方的专业性和责任感，更是确保国际货物买卖交易顺利进行的重要一环。

第二，卖方的担保义务。卖方除了承担交货义务外，还应承担一个义务，就是保证提交的货物在各方面符合合同的规定，包括卖方对所交货物的品质保证和权利保证。

品质担保。品质担保又称瑕疵担保，指卖方对其所售货物的质量、特性或适用性承担的责任。《公约》规定，卖方提交的货物除了应符合合同的规定外，还应符合《公约》的要求：①货物适用于同一规格货物通常使用的目的；②货物适用在订立合同时买方明示或默示通知卖方的特定目的；③在凭样品或说明书的买卖中，货物要与样品和说明书相符；④卖方应按照同类货物通用的方式装箱或包装，如果没有通用的方式，则用足以保全和保护货物的方式装箱或包装。否则，卖方则要承担交货不符违反合同的责任。根据各国法律与实践，如果因货物的质量问题导致人身伤亡和财产损失，当事人还要依法承担产品责任。

《公约》对于卖方承担义务的时间有着明确的规定。即便在风险转移给买方后，如果货物出现任何不符合合同的情形，且这种情形在风险转移前已存在但尚未显现，卖方仍需承担责任。进一步来说，在某些情况下，若这种不符合合同要求的情况是卖方违反了其应履行的某项义务，比如货物在一段时间内应保持其特定用途、质量或性质等保证，那么卖方在风险转移后仍需对此负责。这一规定确保了交易的公平性和买方的权益。

权利担保。根据《公约》的规定，其含义有三：①卖方应向买方担保他确实有合法的权出售该货物。假如卖方将偷窃的东西卖给买方，则违反他对货物的所有权担保义务。②卖方应担保货物上不存在订立合同时不为买方所知的他人的权利，如抵押权、留置权等；③卖方应向买方担保第三者对其提交的货物不得以侵权或其他类似理由提出合法要求。例如卖方出售的货物及其使用不得侵犯第三者的专利权、商标权等。

(2) 买方义务。

第一，支付货款。关于支付货物价款的义务按一般原则，卖方交付货物和买方支付货款是对流条件。也就是说，卖方必须根据合同准备好货物将其交付给买方以换取货款，而买方则必须根据合同准备好货款并将其支付给卖方，以换取货物。买方支付价格的义务包括根据合同或任何有关法律和规章规定的步骤和手续以便支付价款。由此，买方的付款义务包含如下内容：

履行必要的付款手续。在国际货物买卖中，买方支付货款通常无法直接支付，必须根据合同和法律、规章的要求做好一些先行的准备工作。例如向银行申请开出信用证或银行保函；在实行外汇管制的国家，向政府申请外汇等。这些都属于买方付款义务的一部分。

确定价格。在通常情况下，价格本身或确定价格的方法已由双方明确约定，买方只要照此履行即可；但如果出现这样一种情况，没有明示或默示地规定价格或规定如何确定价格的方法，那么确定价格就成为买方支付的前提。对此，《公约》规定，在没有任何相反表示的情况下，双方当事人应视为默示地引用订立合同时此种货物在有关贸易的类似情况下销售的通常价格。与此同时，考虑到当事人对货物的重量的分歧也会影响的价格的确定，《公约》进一步规定：如果价格是按货物的重量规定的，如有疑问，应按净重确定。

支付地点。《公约》规定，如果买方没有义务在任何其他特定地点支付价款，他必须在这些地点向卖方支付价款：①卖方的营业地，如果卖方有一个以上的营业地，则买方应在与合同履行有密切联系的营业地点向卖方支付货款；或者②如凭移交货物或单据支付价款，则为移交货物或单据的地点。当然，如果在合同订立之后，卖方营业地发生了变动，从而增加了买方支付费用的，这部分增加的支出由卖方承担。

交付货款的时间是一个至关重要的环节。如果买卖双方对支付时间有明确的约定，那么自然应依照双方的约定执行。然而，在缺乏明确约定的情况下，《公约》为确定支付时间提供了明确的指导。

具体而言，当买方没有特定的支付时间义务时，他们通常需要在卖方按照合同和《公约》规定交付货物或相关单据时支付货款。此外，如果合同涉及货物运输，卖方有时可以选择在收到货款后再移交货物或相关单据。但值得注意的是，买方在有机会检验货物之前并无支付货款的义务，除非这与双方事先商定的交货或支付程序相冲突。

《公约》还强调，买方按照合同或法律规定的时间履行付款义务，无须等待卖方的任何要求或办理任何额外手续。这一规定确保了交易的公平性和效率。

第二，接收货物。卖方无理拒收货物，是经常发生的违约行为，应承担相应违约责任。此时买方应尽快处置货物，防止损失扩大，然后行使索赔权。应区别接收和接受：接受是指认定货物与合同相符，承认所有权已转移至买方，由买方行使占有处分权的行为；接收，是指行使保全货物义务，不承认所有权转移，而保留索赔权。

《公约》规定，买方收取货物的义务如下：

采取一切理应采取的行动，以期卖方能交付货物。在国际货物买卖中，合同的履行需要当事人双方的相互协助，其义务也是彼此衔接的。就买方收取货物而言，实际收取货物自然以卖方交付货物作为直接前提条件，而卖方交货有时又需要买方先行采取一系列行动才能实际为之，比如在FOB条件下，指派运输工具。

接收货物的义务内容是指在卖方实际交货时，买方应当按照合同的规定予以接收。根据合同的不同规定，有时是提取货物，有时则是收取货物。对此，各国法律一般都有相同的规定。

2. 货物所有权和风险的转移

（1）货物所有权的转移。在国际货物买卖中，货物所有权与风险的转移时点极为关键，它直接关联到买卖双方的利益保障。货物的财产权归属，是处理贸易纠纷的首要考量。对于所有权转移的问题，通常由解决争议的法院或仲裁庭依据国际惯例或国际私法规定的国内法律来裁定。

在我国，货物所有权转移的原则是，在交货时发生转移。但这一原则并非绝对，法律另有规定或当事人另有约定的情形除外。买卖双方亦可在合同中约定，在买受人未履行支付货款等义务时，标的物的所有权仍属于出卖人，这为双方提供了更大的灵活性。

（2）风险的转移。国际货物买卖比国内货物买卖具有更大的风险。风险的划分、承担是国际货物买卖的重要问题。一旦风险由卖方转移给买方，即使货物灭失或损坏，买方也要承担付款责任；反之，如果风险没有转移，即使卖方已经托运交付货物，货物灭失或损坏的结果只能由卖方承担，卖方仍需向买方交付货物。

在国际货物买卖中，风险是指货物可能遭受的各种意外损失，如货物在高温、水浸、火灾、沉船、渗漏、破碎或查封等非常情况下发生的短少、变质或灭失等损失。这类损失具有两个特点：①这是由意外事件造成的，而不是由一方当事人的行为或不行为所引起的；②这类损失的发生是不确定的，即当事人在订立合同时是无法预见、防止和避免的。风险移转的目的，就是要确定这种非由当事人过错所致的、不确定的损失发生时应当由买卖双方中的哪一方来承担的问题。

公约对这一问题原则上以交货时间来确定风险转移的时间，如果双方当事人在合同中约定了风险转移的时间，那么双方当事人的约定效力高于公约的规定。

第一，合同涉及运输时风险的转移。国际贸易都涉及货物的运输，在运输过程中货物经常会遇到各种风险而损坏或灭失。所以货物在运输过程中的风险，由买方还是卖方承担的问题，非常重要了。公约规定，当销售合同涉及货物运输时，如果卖方没有义务在某一特定的地点交付货物，风险就自买方将货物按照合同交付给第一承运人以转交给买方起，由卖方转移至买方承担。如果卖方有义务在某一特定的地点将货物交付承运人，在卖方在该特定地点交付承运人时，风险才转移至买方承担。但是，无论在上述何种情况下，在货物上加标记或以装运单据、向买方发出通知或以其他方式将货物清楚地确定在合同项下之前，风险不转移到买方承担。

第二，运输中销售的货物风险的转移。在外贸业务中，存在一种特殊情形，即卖方先将货物装载于运输工具（如船舶）后再寻找买主进行买卖，这种交易通常被称作"海上路货"。对于此类运输途中的货物，一旦买卖合同成立，风险通常从合同订立之时起即由买方承担。然而，若出于特殊需要，风险亦可能自货物交付给签发运输合同单据的承运人之时起即由买方负责。但值得注意的是，若卖方在订立合同时已知或应知货物已遗失或损坏，且未向买方披露此事实，那么卖方则需对此遗失或损坏负责。这一规定确保了交易的公平性和买方的权益。

第三，其他情况下风险的转移。对于不属于前面规定的其他情况下，风险就在从买方接收货物时转移，如果买方不在适当的时间内收受货物，风险就从货物已交买方处置而买方违反合同不收取货物时转移至买方。如果买方有义务在卖方营业地以外的某一地点接受货物，当交货时间已到，而买方知道货物已在该地点交给他处置时，风险从卖方转移至买方。但是，如果合同指的是当时未加识别的货物，在这些货物清楚注明有关合同前，不视为已交买方处置，风险不发生转移。

（二）国际技术贸易法

1．国际技术贸易与国际技术贸易法的概念

（1）国际技术贸易的概念。国际技术贸易是世界不同的国家或地区间，一方将某种内容的技术通过签订商业协议或合同的形式，转让给另一方，并收取一定的技术使用费，这种交易即称为国际技术贸易。国际技术转让可以是有偿的，也可以是无偿的。国际贸易中的技术转让是指有偿的技术转让，也叫商业性技术转让。

技术转让交易是指当事人之间有关转让技术的安排，特别是指这些安排之一：①一切形式的工业产权的让与、出售和许可，商标、服务标记和商号当其非技术转让之一部分时，不在此列；②提供可行性报告、计划书、设计图、模型、说明书、指南、配方、基本的或具体的工程设计、技术规范和培训设备，以及提供技术咨询和技术管理人员的服务及员工培训等技术知识和专家知识；③提供工厂设备的安装、操作及运行所必需的技术知识和交钥匙工程；④提供获取、安装及使用已经以购买、租赁或其他方式取得的机器、设备、中间产品（半成品）和/或原材料所必须的技术知识；⑤提供工业与技术合作协议的技术内容。

国际技术转让是指跨越国境的有偿技术贸易的主要形式，技术转让是以"跨越国境"作为是否具有"国际性"的标准。技术转让的国际性主要体现在这些方面：①技术跨越国境，由技术供方转移至技术受方；②其住所或营业地不在同一国内的技术供方和技术受方之间的技术转让；③具有不同国籍的技术供方和技术受方之间的技术转让；④技术供方和技术受方的住所或营业地虽然在同一国境内，或者虽然它们具有同一国家的国籍，但其中一方是外国公司的子公司、分公司或受外国公司、企业以其他方式控制的公司、企业之间的技术转让。

（2）国际技术贸易法的概念。国际技术贸易法是指调整国际技术贸易关系的一系列法律关系，它是调整跨国技术有偿转让关系的法律规范的总和。

国际技术贸易法的渊源是指国际技术贸易法的表现形式，主要包括与国际技术贸易相关的国际条约和国际惯例、各国规范国际技术贸易的国内立法和司法判例等，内容主要体现为各国政府对国际技术贸易的干预和管制，以及国际社会对此所采取的协调措施。

2. 国际技术贸易的法律性质

（1）国际技术贸易的交易对象。国际技术贸易中以技术为交易对象，作为贸易对象的技术是适用于工业制造或者生产经营的实用技术，具有如下特点：①作为技术的知识必须具备系统性。技术贸易的交易内容包括知识、工艺、经验和技能等一揽子内容，因此作为交易对象的技术具有系统性。②技术是与生产相关的知识，该技术属于工业或商业生产经营领域，具有实用性，是技术思想或理论与具体的解释方案的统一；③技术是无形财产，作为一种交易对象，一般是以一定的文字、语言、数表、公式、配方和配比记录或者表达的经验或方案，并以一定的产品或服务为实施后的载体；④技术具有商品属性，作为财产而进行交易的对象是对技术知识所享有的权利而不是该技术本身，是以技术权益为表现的；⑤技术之所以可以作为财产进行交易或转让，其财产价值体现于根据法律制度而设置的利用、实施技术信息的排他性权利，这种排他性权利可以控制或排除其他主体对技术信息的利用、实施和获益。

（2）国际技术贸易的交易内容。国际技术贸易的交易内容一般包含了产品设计、生产实施、生产管理乃至市场开发、经营销售、广告宣传、维修服务等各环节的知识、工艺、经验和技能等一揽子内容,主要包括:①各种工业产权,如专利、商标;②各种专有技术或技术诀窍;③提供工程设计,工厂的设备安装、操作和使用;④与技术转让有关的机器、设备和原料的交易等。总之,技术贸易即包括技术知识的买卖,也包括与技术转让密切相关的机器设备等货物的买卖。

3. 国际技术贸易的主要形式

(1) 许可贸易。许可贸易是专利权所有人、商标所有人或专有技术所有人作为许可方向被许可方授予某项权利,允许其按许可方拥有的技术实施、制造、销售该技术项下的产品,并由被许可方支付一定数额的报酬。

许可贸易有三种基本类型:专利许可、商标许可和专有技术转让(许可)。在技术贸易中,三种方式有时单独出现,如单纯的专利许可或单纯的商标许可或单纯的专有技术转让,但多数情况是以某 2 种或 3 种类型的混合方式出现。

(2) 特许专营。特许专营合同是一种新型商业技术转让合同。特许专营是指由一家已经取得成功经验的企业,将其商标、商号名称、服务标志、专利、专有技术以及经营管理的方法或经验转让给另一家企业的一项技术转让合同,后者有权使用前者的商标、商号名称、专利、服务标志、专有技术及经营管理经验,但须向前者支付一定金额的特许费。

特许专营的一个重要特点是,各个使用同一商号名称的特许专营企业并不是由一个企业主经营的,被授权人的企业不是授权人的分支机构或子公司,也不是各个独立企业的自由联合。它们都是独立经营、自负盈亏的企业。授予人不保证被授权人企业一定能获得利润,对其企业的盈亏也不负责任。

特许专营合同是一种长期合同,它可以适用于商业和服务行业,也可以适用于工业。

(3) 咨询服务。顾问咨询是雇主与工程咨询公司签订合同，由咨询公司负责对雇主所提出的技术性课题，提供建议或解决方案。服务的内容很广，如项目的可行性研究、技术方案的设计和审核、招标任务书的拟订、生产工艺或产品的改进、设备的购买、工程项目的监督指导等。发展中国家往往技术力量不足，或对解决某些技术课题缺少经验，聘请外国工程咨询公司提供咨询服务，可以避免走弯路或浪费资金。因咨询公司掌握有丰富的科学知识和技术情报，可以协助雇主选择先进适用的技术，找到较为可靠的技术供方，以较合理的价格获得质量较好的机器设备。

(4) 技术服务与协助。技术转让不仅包括转让公开的技术知识，而且包括转让秘密的技术知识和经验，对技术受方引进项目的成败往往起关键作用。因为，这些技术知识和经验很难用书面资料表达出来，而必须通过言传、示范等传授方式来实现。所以技术服务与协助是技术转让交易中必不可少的环节。它可以包括在技术转让协议中，也可以作为特定项目，签订单独的合同。提供技术服务与协助的方式有两种：①由受方派出自己的技术人员和工人，到技术供方的工厂或使用其技术的工厂培训实习；②由供方派遣专家或技术人员到受方工厂，调试设备、指导生产、讲授技术。

(5) 承包工程。工程承包或称"交钥匙"项目，是委托工程承包人按规定条件包干完成某项工程任务，亦即负责工程设计、土建施工、提供机器设备、施工安装、原材料供应、提供技术、培训人员、投产试车、质量管理等全部过程的设备和技术，工程承包是一种综合性的国际经济合作方式，也是国际劳务合作的一种方式，其中包括大量的技术转让内容，因此又可称为国际技术贸易的一种方式。

第三节　国际商事监管法与救济法

一、国际商事监管法

（一）国际支付法

1. 票据法的概述

（1）票据的概念与种类。票据法上的票据，是指依规定的格式由出票人签发的载明无条件支付命令的书面凭证，表示由出票人自己或委托他人在指定的日期或见票时无条件地向收款人支付一定金额。

票据的原始当事人有三个：①出票人，即开立票据的人；②受票人，即票据上的付款人；③收款人，即票据上所载明的收受一定金额的人。当出票人与付款人是同一个人时，票据就被称为本票；当出票人与付款人是不同的人时，票据就被称为汇票；当银行存款户作为出票人对银行签发票据，要求银行对某人或其指定人或持票人即期支付一定金额时，票据就是支票。

（2）汇票。汇票，作为国际贸易结算的基石，其重要性不言而喻。在跨国交易中，它作为支付媒介，替代了现金的繁琐运输，极大地简化了货款结算流程。在这一体系中，各参与方的角色清晰明确：出口商扮演着出票人的角色，负责制定并签发汇票，其付款人则通常为进口商或其指定的银行。收款人则可能是出口商自身，或是其信赖的银行。

付款人的身份在不同结算方式下有所变化。在托收方式下，买方直接成为付款人；而在信用证交易中，这一角色则由开证行或指定银行担任。此外，国际贸易中的汇票多属商业汇票，且往往附有货运单据，因此也常被称为跟单汇票。这一特性使得汇票不仅作为支付工具，还承载着货物交易的重要信息。

第一，票据行为。同其他汇票一样，国际贸易中的汇票，其行为主要包括出票、背书、承兑、支付、追索等。

第二，汇票的贴现。贴现是指远期汇票承兑后尚未到期，由银行或贴现公司从票面金额中减按一定贴现率计算的贴现息后，将余额付给持票人的行为。贴现后，贴现人取得汇票，成了该票据的执票人，待该票据到期后由该贴现人持票据向付款人提示，要求付款。因此，对贴现人来说，贴现实际上是提供贷款给商人，只是预先扣除了利息。对商人来说，贴现是融通资金的一种方式。银行或贴现公司是否愿意接受票据贴现，主要是看票据债务人信用的高低。但如汇票经某家银行承兑后成了银行承兑汇票，由于银行一般资信较高，所以经银行承兑后的汇票容易被接受贴现。

（3）本票与支票。

第一，本票。本票，作为金融领域的一种重要票据，其特性和应用在全球范围内呈现出多样性。在国际金融市场上，本票的种类繁多，涵盖了银行本票、商业本票、企业本票和个人本票，以及即期本票和远期本票等。然而，在我国，票据法的界定则相对狭窄，仅涵盖了银行本票，并且均为即期本票，排除了商业本票和个人本票以及远期本票的可能性。

银行本票，顾名思义，是由银行签发的承诺在见票时无条件支付确定金额给收款人或持票人的票据。这种票据代表着银行的信用，具有高度的安全性和流动性，见票即付，使得持票人能够迅速实现资金的兑付和流通。

而在国际市场上，商业本票同样占据着一席之地。商业本票，又称为一般本票，是由企业单位或个人签发并承诺在见票时或指定日期无条件支付一定金额给收款人或持票人的票据。这种票据主要用于同城清偿出票人自身的债务，其使用范围相对有限，但也在一定程度上满足了特定场合下的资金结算需求。

商业本票在国际上还有远期和即期之分。远期商业本票，又称为期票，其支付日期可以是在出票后的某一固定日期，也可以是在见票后的某一固定日期。这种票据的灵活性更高，能够满足不同期限的资金需求。

第二，支票。支票是出票人签发的，委托办理支票存款业务的银行或者其他金融机构在见票时无条件支付确定的金额给收款人或者持票人的票据。

支票的基本法律特征：①支票是票据的一种，和汇票、本票一样具有票据所具有的共同特征；②票据法对支票付款人的资格有严格限制，仅限于银行或其他金融机构，不能是其他法人或自然人；③支票是见票即付的票据，不像汇票、本票有即期和远期之分（虽然我国票据法只规定了即期本票，但本票可以为远期），但支票只能是即期的，因为支票是支付证券，其主要功能在于代替现金进行支付；④支票的无因性受到一定限制。《中华人民共和国票据法》规定，支票的出票人签发支票不得超过其付款时在付款人处实有的存款金额。超过其实有存款金额的，为空头支票，禁止签发空头支票。

2. 托收统一规则

在国际贸易中，托收是较为常用的支付方式。在托收业务中，由于结算工具的传递方向与资金的流动方向相反，故托收属于逆汇。

（1）托收的定义。托收是债权人（出口商）出具汇票及/或商业单据委托银行通过它的分行或代理行向债务人（进口商）代为收款的一种结算方式。

《托收统一规则》对托收所作的定义是："托收"意指银行按照收到的指示，处理单据，其目的为：取得付款及/或承兑，或者凭付款及/或承兑交出单据，或者以其他条款和条件交出单据。

（2）跟单托收的交单条件。跟单托收是附有提单、商业发票等商业单据的托收，这种托收方式由于通常附有提货凭证，所以在交单前要异常谨慎，只有这样才能保证出口商的权益。

按交单条件的不同，跟单托收可分为付款交单和承兑交单。

第一，付款交单。付款交单，这一交易方式在国际贸易中占据着重要地位，它确保了买卖双方交易的公平性和安全性。具体来说，付款交单分为即期和远期两种形式。

在即期付款交单中，卖方会开具即期汇票，并连同商业单据通过银行交付给买方。一旦买方确认单据无误，便需立即支付货款，以此换取商业单据，实现"付款赎单"。这种方式简单直接，买卖双方交易迅速，风险较低。

而远期付款交单则稍显复杂。卖方同样会开具远期汇票，并连同单据交付给买方。但此时，买方在审核无误后，会在汇票上承兑，并承诺在汇票到期日支付货款以换取单据。在汇票到期前，单据将由代收行保管，确保交易的安全性。这种方式虽然增加了交易的时间成本，但为买卖双方提供了更大的灵活性。

第二，承兑交单。承兑交单是指卖方以买方承兑汇票为交单条件的方式，即买方在汇票上履行承兑手续后，即可向代收行取得商业单据，凭以提取货物，于汇票到期日付款。所以，承兑交单方式只适用于远期汇票的托收。由于承兑交单仅限于远期汇票的托收，进口商办妥承兑手续后即可取得商业单据，于汇票到期日才履行付款，而此时货物往往已经到达。在承兑交单时，付款人虽然承诺了债务，但毕竟没有付款。也就是说，他在付款之前即可获得单据用于提货，而对出口商来说，交了单则意味着他失去了货物控制权，无法约束进口商按约付款。因此，对资信不佳或不甚了解的进口商不宜选用承兑交单方式。

(二) 产品责任法

1. 产品责任的构成

产品责任是指由于产品存在瑕疵而导致消费者、使用者或其他第三者蒙受人身伤害或财产损失时，该产品生产者或销售者应当承担的一种损害赔偿责任。产品责任的构成必须具备以下三个条件：

（1）产品存在瑕疵或缺陷。所谓缺陷是指产品不符合要求，具有不合理的危险性，不能给消费者提供有权期待的安全。缺陷必须在产品离开生产者、销售者控制以前，即投入流通前已经存在。一般的缺陷大致可以分为以下四种：

第一，设计上的缺陷。指产品在生产或制造中产生的不安全因素。由于对产品的可靠性、安全性考虑不周，如没有设计安全保护装置。

第二，制造上的缺陷。指产品在生产或制造中产生的不安全因素。通常产生于产品的制作、装配、铸造过程中，具体表现为：生产者制作产品时粗制滥造的差错，产品生产中质量控制和检验手段的欠缺等。

第三，原材料的缺陷。指由于制造产品使用的原材料不符合质量、安全等标准而形成的缺陷。如制药工业中采用不纯原料使药物中含有伤害人体的物质；食品中加入防腐剂、非食用色素等。

第四，指示缺陷。指产品没有充分标识使消费者在使用过程中受到侵害而出现的缺陷。指示缺陷有两类：一是产品存在危险性的情况下未做出有效的预先通知；二是产品的制作没有问题，但没有提出适当告诫以防止不适当的使用。

（2）有人身伤害或财产损失的事实。在产品责任领域，对于生产者、销售者的追责，其核心在于是否存在消费者、使用者或第三人的人身伤害或财产损失。这里的"消费者"不仅限于直接购买并使用的狭义范畴，更涵盖了广义的界定。它包括了直接购买者，以及因各种原因而实际使用产品的其他人员，甚至包括那些未直接购买但确实遭受了产品造成损害的第三者。只有在上述任何一方受到损害的情况下，才能对生产者、销售者进行产品责任的追究。

（3）消费者、使用者或第三人的损害事实与产品中的缺陷之间存在因果关系，即受害者蒙受的损失完全是由于产品存在缺陷所致。如果损失是消费者、使用者或第三人本身的过错或其他任何人过错造成的，而与产品缺陷无关，就不存在产品责任问题。例如，使用者违反操作规程非正常使用产品而造成的损害，就不能要求生产者、销售者承担产品责任。

2. 产品责任法的内容

我国产品责任法，主要包括以下内容：

（1）责任原则。产品责任法对于产品生产者和产品销售者采用不同的归责原则。

在讨论产品责任时，首先需要明确生产者和销售者各自的责任边界。当产品存在缺陷，并因此导致消费者或他人的人身、财产损害时，生产者无疑应当承担起赔偿责任。这里的关键在于，生产者的赔偿责任并不依赖于其是否存在过错，即无论生产者是否有故意或过失，只要产品缺陷造成了损害，生产者就需负责，这体现了严格责任的原则。

而对于销售者而言，其责任则与生产者有所不同。销售者的责任主要源于其过错导致的产品缺陷。当销售者的过错使得产品存在缺陷，并因此造成损害时，销售者应当负责赔偿。这里的责任是基于销售者的过错，因此属于过错责任。但在实际诉讼中，为了更好地保护消费者的权益，法院通常不要求消费者证明销售者的过错，而是要求销售者证明自己无过错。如果销售者能够证明自身无过错，那么法院将判定其不承担赔偿责任。这种责任形式，实际上属于过错推定责任，旨在减轻消费者的举证责任，促进公平与正义。

考虑到在某些情形下，受害人不可能知道产品的生产者，因此本法使销售者负有向受害人指明产品的生产者，或者指明产品的供货者的义务。如果销售者不履行此项义务，则应由销售者对缺陷产品所造成消费者的损害承担严格责任。此项责任，规定为：销售者不能指明缺陷产品的生产者也不能指明缺陷产品的供货者的，销售者应当承担赔偿责任。依此规定，销售者要获得免责，不仅须举证证明自己无过错，还须向受害人指明产品的生产者或供货者。如果他不指明产品的生产者或供货者，即使举证证明了自己无过错，法院也将依据本款规定判决其承担赔偿责任。条文所谓"供货者"概念，应当包括产品的出口商和进口商。

（2）免责事由。现代产品责任法虽然属于严格责任，但并非绝对责任，生产者仍有获得免责的可能性。

现代产品责任法规定了三项免责事由：生产者能够证明有下列情形之一的，不承担赔偿责任：未将产品投入流通的；产品投入流通时，引起损害的缺陷尚不存在的；将产品投入流通时的科学技术水平尚不能发现缺陷的存在的。

（3）缺陷定义。现代产品责任法所称缺陷，是指产品存在危及人身、他人财产安全的不合理的危险。产品有保障人体健康、人身、财产安全的国家标准、行业标准的，是指不符合该标准。

（3）连带责任。现代产品责任法对产品生产者和销售者采用不同的归责原则。生产者承担严格责任，销售者承担过错责任。为保护消费者利益，并规定受害人可以选择对生产者起诉或者对销售者起诉。因产品存在缺陷造成人身、他人财产损害的，受害人可以向产品的生产者要求赔偿，也可以向产品的销售者要求赔偿。属于产品的生产者的责任，产品的销售者赔偿的，产品的销售者有权向产品的生产者追偿。属于产品的销售者的责任，产品的生产者赔偿的，产品的生产者有权向产品的销售者追偿。

（5）赔偿范围。产品责任法赔偿范围包括人身伤害的赔偿，财产损害的赔偿，缺陷产品本身的损害以及精神损害赔偿。

二、国际商事救济法

国际商事纠纷，顾名思义，源于国际商事主体在跨国交易中因各自权利与义务的认知差异而引发的法律争端。这些商事主体涵盖了自然人、法人、国家及国际经济组织，使得纠纷形式多样化，可能出现在不同国籍的私人之间、国家间、国际经济组织间，或是它们之间的任意组合。由于各方经济利益各异，加之各国和地区的法律制度不尽相同，国际商事交往中的纠纷难以避免，需要通过适当的法律途径加以解决。

国际商事纠纷的解决方法主要有以下三种：

（一）调解

调解是国际商事纠纷当事人在中立的第三人（即调解人）协助下解决纠纷的程序。调解的主要优点在于能较快解决争端，有利于保持当事人的友好关系，给双方当事人带来相互信任感和节省费用。如果双方当事人同意通过调解方式解决争端，就必须持续运用这种方式直至争端解决。调解人只具有促使双方当事人达成协议的职责，无权不顾当事人的意愿，自行作出具有法律拘束力的裁决。因此，如果一方当事人因某种理由在调解过程中不予合作，调解即告失败。调解工作通常在常设仲裁机构的主持或协助下进行，一些常设仲裁机构，制定了调解规则或在仲裁规则中作出有关调解的规定。调解方式在解决国际经济争端中所起的作用比仲裁方式小。

（二）司法诉讼

司法解决方式在解决国际商事纠纷中扮演着重要角色，其主要包括国际司法解决方式和国内司法解决方式。

第一，国际司法解决方式涉及将纠纷提交至国际法院，这是一个专为解决国家间商事纠纷而设立的联合国法定机构。值得注意的是，国际法院的管辖并非强制性的，而是基于当事国的自愿、协定或声明。

第二，国内司法解决方式则是指各国法院针对私人间的国际商事纠纷进行审理。这种方式主要聚焦于不同国籍私人之间的商事争议，是各国法律体系内的重要解决途径。

（三）仲裁

仲裁解决方式是指双方当事人自愿将纠纷提交给第三者审理，由仲裁机构作出裁决。仲裁解决的方式是以裁判者的身份对纠纷作出裁决，一般是终局性的，对双方当事人都有约束力。然而仲裁机构是民间组织，没有法定的管辖权，所以仲裁解决方式是根据双方当时的仲裁协议受理案件作出裁决。

第四章　公司与企业法律框架

第一节　公司与公司法律制度

一、公司的特征和分类

（一）公司的特征

公司是依法定程序设立，以盈利为目的的社团法人。公司是企业法人，有独立的法人财产，享有法人财产权。法人是与自然人并列的一类民商事主体，具有独立的主体性资格，具有法律主体所要求的权利能力与行为能力，能够以自己的名义从事民商事活动并以其自己的财产对公司的债务承担责任。

1. 法人性

公司具有法人资格是世界多数国家和地区的立法通例。公司是法人的典型形态，法人性是公司的重要特征之一。

（1）公司具有独立的人格。公司作为独立于自然人、非法人组织的民事主体，具有完全的民事权利能力和民事行为能力。公司具有自己的名称、住所和组织机构，能够以自己的名义进行经营活动。公司对其法定代表人和其他工作人员的经营活动，承担民事责任。

（2）公司具有独立的财产。公司的财产最初源于股东的投资，不过股东一旦出资就丧失了所有权，该财产就转化为公司的财产。公司对于其全部财产享有法人财产权，任何股东无权直接支配公司的财产。公司的财产与股东的财产是泾渭分明的，公司拥有独立的财产，是公司从事经营活动的物质基础。

（3）公司能够独立承担民事责任。公司具有独立的人格和财产，应当以其全部财产对外承担民事责任。一方面，任何债务人不论是自然人、非法人组织还是法人，均应以自己的全部财产承担清偿责任，公司当然也不例外；另一方面，公司拥有独立的财产，只能以自己的财产对外承担清偿责任，而不应累及他人。公司财产责任的独立性体现在以下方面：

第一，公司责任与股东责任的独立。公司只能以自己拥有的财产清偿债务，股东对公司债务不承担责任，即使公司资不抵债，也不例外。

第二，公司责任与其工作人员责任的独立。公司的民事活动虽由董事、经理等工作人员实施，其民事责任可能由于工作人员的过错行为所致，但不能因此要求工作人员对公司的债务负责。当公司无力偿还对外债务之际，不能随意追加公司的董事、经理为连带责任人或共同被告。

第三，公司责任与其他任何人责任的独立。公司责任不但与股东责任、其工作人员责任独立，而且独立于其他任何人的责任。作为民事主体，公司责任自负，即使面对主管机关或者关联公司，依然是独立的法人。

2. 专门管理

现代公司中基本实现了所有权和经营权的分离，股东在相当程度上脱离了公司的管理，职业经理人负责公司的经营管理。一般而言，公司法将公司的经营管理权赋予董事会。董事虽然由股东选举产生，但相当多的董事并非股东，他们专门负责公司的经营管理。通常，董事会聘任经理负责具体管理公司事务。其结果就是董事会和经理层拥有公司的经营管理权。

为了防范经营管理权的滥用，各国公司法设置了相应的监督机制。通常，英美法系国家设立独立董事，而大陆法系国家设立监事。这样一来，在现代公司中就形成了独特的治理结构，股东拥有重大决策、选举管理者的权利，不过无法直接干预公司经营管理；董事会和经理层专门负责公司经营管理；独立董事或者监事履行专门的监督职责。

与股东脱离的专门管理，使得股东摆脱了其他企业形态下直接参与经营管理的束缚，拓宽了股东的投资领域。当然，股东也可能由于董事会和经理层的经营不善而遭受损失，为此在专门管理的前提下，法律赋予股东两项重要的权利：①有限责任，即股东仅以出资额为限对公司债务承担责任；②股权自由转让，即通过转让股权而自由退出公司。与此同时，法律还给董事和经理以注意义务和忠实义务，促使其恪尽职守。

3. 营利性

公司是以营利为目的的组织，营利性是公司的本质特征之一。公司设立和运作的目的都是获取经济利益。投资者希望通过公司的经营活动获得盈利，并将所得到的利润分配给投资者，从而实现投资收益。"营利"和"盈利"，前者是指谋求利润，后者是指企业单位的利润或者获得利润。"营利"是指谋求利润的目的和过程，"盈利"则是指获得利润的结果。因而，公司可以因为经营不善或者其他原因而无"盈利"，但并不丧失"营利性"。公司的营利性特征可以从以下方面来把握：

（1）以营利为目的。公司的营利性特征已为世界上大多数国家和地区的公司立法所确认。企业法人以从事生产、流通、科技等活动为内容，以获取盈利和增加积累、创造社会财富为目的，它是一种营利性的社会经济组织。

（2）经营性。所谓经营性是指公司营利行为的连续性和不间断性，即在一段时间内连续不断地从事某种同一性质的营利活动。由此可见，公司的营利行为是一种职业性营利行为，即公司以某种营利活动为业。

（3）有盈余应分配给股东。利润分配乃根本。区分组织营利性与否的关键在于其是否将经营所得分配给成员。所谓营利，指积极地营利并将所得利益分配于其构成员。即非指法人自身的营利，而是指为其构成员营利。因此，仅法人自身营利，如果不将所获得利润分配于构成员，而是作自身发展经费，则不属于营利法人。以取得利润并分配给股东等出资人为目的成立的法人，为营利法人。营利法人包括有限责任公司、股份有限公司和其他企业法人等。

4. 股权自由转让

专门管理催生了股权自由转让，与合伙企业相比，公司股东更容易转让其股权，这促进了资本市场的发展。股权自由转让并非不受任何限制。在我国，就有限责任公司而言，其股权转让的自由程度相对较低，受到法律和公司章程的限制。加之有限公司股权转让缺乏公开市场，股东往往处于无法退出公司或者低价退出公司的尴尬境地。就上市公司而言，由于存在证券市场，其股权转让的自由程度较高，但也受到法律的种种限制。

虽然股权可以自由转让，但公司通常不得购买本公司的股权，除非法律有特殊规定。一般而言，公司购买本公司股权将直接导致公司资本减少，难免危及债权人利益。

（二）公司的分类

1. 根据公司的信用基础划分

根据公司的信用基础划分，公司可分为人合公司、资合公司、人合兼资合公司。

（1）人合公司是指公司的信用基础在于股东个人财产信用，这意味着股东对公司债务要承担无限责任。无限公司是最典型的人合公司。

(2) 资合公司是指公司的信用基础在于公司的资产，与股东的资产无涉，这意味着股东对公司债务仅以出资为限承担责任。在我国，股份有限公司中的上市公司是典型的资合公司。

(3) 人合兼资合公司是指信用基础兼具股东个人财产信用与公司财产信用的公司。两合公司、股份两合公司属于这类。在我国，有限责任公司属于人合为主兼具资合性质的公司；股份有限公司中的非上市公司以资合为主兼具一定的人合性质。

2. 根据公司的国籍划分

根据公司的国籍划分，公司可分本国公司、外国公司。

(1) 本国公司是在本国境内设立的有限责任公司与股份有限公司。

(2) 外国公司则是依照外国法律在本国境外设立的公司。

3. 根据公司的管辖系统划分

根据公司的管辖系统划分，公司可分为总公司、分公司。

(1) 总公司又称本公司，是指依法设立并管辖公司全部组织的具有企业法人资格的总机构。

(2) 分公司是总公司的分支机构，在业务、资金、人事等方面受总公司管辖。分公司有依法从事业务活动的营业执照，具有独立的诉讼主体资格，但不具有法人资格，其民事责任由总公司承担。

二、公司法的调整对象与价值取向

公司法是指调整公司设立、组织、运营、解散以及其他社会关系的法律规范的总称。通常，公司法有广义和狭义之分：就广义而言，所谓公司法是指各种调整公司设立、组织、运营、解散以及其他社会关系的公司法律规范的总称，不仅仅局限于以公司法命名的法律，还包括其他法律中的公司法规范；就狭义而言，所谓公司法就是指以公司法命名的调整公司设立、组织、运营、解散以及其他社会关系的法律规范的总称。

(一) 公司法的调整对象

调整对象是划分法律部门的重要标准之一。每一个法律部门,均有独特的调整对象,公司法也不例外。从公司法的概念出发,其调整对象主要为公司设立、组织、运营、解散过程中所发生的社会关系。就总体而言,这些社会关系可以分为以下类型:

1. 财产关系

公司不会孤立地存在,必定和股东、第三人发生这样那样的社会关系,从而形成对内关系和对外关系。所谓对内之法律关系,即指公司与其股东、或其股东相互间之法律关系而言;所谓对外之法律关系,即指公司与第三人或其股东与第三人之法律关系而言。因而公司法所调整的财产关系又可以分为两类,即内部财产关系和外部财产关系。

(1) 内部财产关系。内部财产关系是指公司的发起人之间、股东之间、股东和公司之间围绕公司的设立、组织、运营、解散所形成的具有财产内容的社会关系,包括发起人的出资、出资的转让、股利的分配、公司的增资和减资、公司的合并和分立、公司的解散与清算等。公司的内部财产关系贯穿于公司存续的全过程,是公司法的主要调整对象。

(2) 外部财产关系。外部财产关系是指公司运营过程中与第三人形成的具有财产内容的社会关系,包括两类:①公司日常经营过程中与第三人形成的财产关系,该种财产关系与公司本身的组织特点并不密切联系,任何企业均会形成此种财产关系,因而该财产关系不由公司法调整;②与公司本身的组织特点密切联系的财产关系,其他企业通常不会形成此种财产关系,该种财产关系多由公司法调整。

2. 组织关系

公司法调整的组织关系也分为两类,即内部组织关系和外部组织关系。

(1) 内部组织关系。内部组织关系是指公司的发起人之间、股东之间、股东和公司之间、股东与股东会、监事会、经理之间在公司存续过程中所形成的具有管理协作内容的社会关系。公司内部的组织关系,涉及公司的运营和相关利害关系人的利益,也是公司法的主要调整对象,而且较之公司内部的财产关系而言更为重要。毕竟离开了良好的组织模式,公司根本无法获取利润,公司和股东的利益均无从谈起。

(2) 外部组织关系。外部组织关系是指公司在设立、组织、运营、解散过程中与国家有关管理机关之间形成的纵向经济管理关系,例如,公司与工商机关、主管机关之间的关系。这种外部的组织关系对于公司的设立、组织、运营、解散非常重要,反映了整个社会维护经济秩序和交易安全的客观需要。

(二) 公司法的价值取向

法律诸价值的互克性是它们之间关系的主流,在法律的诸价值中,如果其中的一项价值得到完全的实现,就难免在一定程度上牺牲或否定其他价值。每一个部门法,必然在相互冲突的法律诸价值中,选择某一项价值作为其基本价值追求,从而实现其立法目的。个人法和团体法也表现出了不同的价值取向。

在法律诸价值中,作为个人法的民法的基本价值取向是公平,即公平与民法的其他价值(譬如效率)发生冲突时,民法首先会选择公平,公平优先兼顾效率。作为民法基本价值取向的公平,主要是体现在平等原则和公平原则上。平等是指人们在法律地位上的平等,并在其权利遭受侵害时应受到平等的保护。平等是社会中的最基本正义,或者说是分配正义的要求。公平原则强调以利益均衡作为价值判断标准调整主体之间的利益关系。平等原则和公平原则相辅相成,共同实现民法的公平、正义的价值理念。

作为团体法的公司法的基本价值取向是效率,即效率与公司法的其他价值(譬如公平)发生冲突时,公司法首先会选择效率,效率优先兼顾公平。公司股东的利益冲突在所难免,为了保障公司的整体利益,公司法上建立了不同于民法的意思表示机制,实行资本多数决,极大地提高了效率。

三、公司的设立

公司设立就是发起人为创办公司,取得法人资格而进行的一系列法律行为。公司设立的本质就是建立新的公司主体。公司设立不同于公司成立。公司成立是公司经过设立程序后,具备了法律规定的条件,经过主管机关核准登记,签发营业执照,成为独立法人的事实。公司设立的目标就是公司成立,公司设立是公司成立的前提。同时,有了公司设立,并不一定就会有公司成立,公司设立并不必然导致公司成立。另外,如果公司最后成立了,公司设立中发生的债权债务一般由根据设立行为而成立的公司承担;如果公司没有成立,公司设立中发生的债权债务则由发起人连带承担。

设立公司,应当依法向公司登记机关申请设立登记。符合规定的设立条件的,由公司登记机关分别登记为有限责任公司或者股份有限公司;不符合规定的设立条件的,不得登记为有限责任公司或者股份有限公司。公众可以向公司登记机关申请查询公司登记事项,公司登记机关应当提供查询服务。

(一)公司的设立原则

公司的设立原则实际就是国家对设立公司的基本态度。由于社会政治经济条件、传统文化、法律文化等因素的差异,各国对公司设立的态度在各个时期都有较大差异。所以,公司设立原则具有地域性、时代性。概括起来,公司的设立原则主要如下:

1. 自由设立原则

自由设立原则,也称为放任主义,是指国家不干涉公司设立,公司是否设立、如何设立，完全由当事人自己决定。在欧洲中世纪，公司发展初期，国家对公司设立就采取这种态度。自由设立原则便利了公司的产生，但容易导致公司与合伙难以区分，虚假公司泛滥，危及债权人的权益，影响交易安全，国家难以控制。所以，自由设立原则已经被抛弃，成为历史。

2. 特许设立原则

特许设立原则，是指公司设立必须经由国家颁发专门的法令予以特别许可方能设立。特许设立原则起源于13—15世纪，盛行于17、18世纪。特许设立原则其实就是国家权力的延伸。1600年成立的英国东印度公司等就是经过国王特许设立的。特许设立原则容易形成行业垄断，阻碍自由竞争和统一市场的形成，不利于市场经济的发展。到19世纪，特许设立原则被各国所抛弃，成为历史。

3. 核准设立原则

核准设立原则，也称为审批主义，是指公司设立除必须具备法律规定的一般条件外，还必须经过政府行政主管机关审批。核准设立原则显然比特许设立原则进步了，方便了公司的设立，但仍然有碍公司的成立和发展。

4. 准则设立原则

准则设立原则，又称为登记主义，是指法律规定公司设立的条件，如果发起人认为具备法律规定的条件，就可以直接向公司登记机关申请登记，无须经过主管机关审批。相较核准设立原则，准则设立原则减少了国家对公司设立的审查，有利于公司的产生和发展。但是，这种原则容易造成公司的泛滥。所以，许多国家对传统准则设立原则进行了修改，从严制定了公司设立的条件，强化了国家机关对申请的审查，这就是所谓的严格准则设立原则。它克服了核准设立原则程序烦琐的缺点，又不像自由设立原则那样对公司设立放任自流，是一种比较科学的公司设立原则，为现代大多数国家所采用。

（二）公司的设立方式

1. 发起式设立

发起式设立是指公司设立时，公司注册资本由发起人全部认购，不向发起人之外的任何人募集而设立公司的方式。

无限责任公司、两合公司和有限责任公司属于封闭式公司，不能向社会发行股份，只能采取发起式设立公司。股份有限公司属于开放式公司，既可以采取发起式设立，也可以采取募集式设立公司。

发起式设立公司具有许多优点，主要包括：无须招股，公司设立周期短，设立费用少。同时，发起式设立公司的注册资本为在公司登记机关登记的全体发起人认购的股本总额，不是实缴股本总额。发起式设立是世界上比较通行的公司设立方式。发起式设立公司的缺点在于，对于资金需求量很大的公司来讲，发起人出资责任太大。所以，发起式设立方式不适合于设立大型公司。

2. 募集式设立

募集式设立是指公司设立时，发起人仅认购公司一定比例的股份，其余公开募集而设立公司的方式。募集式设立与发起式设立的主要不同在于，募集式设立公司可以向外招募股份。

募集式设立公司的优点在于，可以通过以发行股份的方式吸收社会闲散资金，在短期内筹集成立公司所需的巨额资本，缓解发起人的出资压力，便于公司成立。募集式设立公司的缺点在于，募集式设立公司需要许多烦琐的程序，公司设立周期长，设立费用高。通常只有设立需要巨额资本的公司时才采取募集式设立公司。

各国公司法对募集式设立公司都有一些限制，加重了发起人的责任，保护了广大投资者的利益。《中华人民共和国公司法》（以下简称《公司法》）规定，以募集式设立股份有限公司的，发起人认购的股份不得少于公司股份总数的百分之三十五。同时，股份有限公司采取募集方式设立的，注册资本为在公司登记的实收股本总额。而发起式设立股份有限公司则没有以上要求。"从公司法的立法精神来看，募集设立的股份有限公司是资合性最强的一类公司，由于其股份募集对象包括广大的社会公众，因此该类公司的设立较有限责任公司和发起设立的股份有限公司而言应受到更为严格的监管，目的在于加重发起人的责任以确保社会公众的利益不受侵犯。"①

募集式设立可分为公开募集式设立和非公开募集式设立。公开募集式设立，是指股份有限公司发起人向不特定对象、向累计超过二百人的特定对象发行股份，或者法律、行政法规规定的其他发行行为筹集资本的设立公司的行为。非公开募集式设立，是指股份有限公司发起人向累计不超过二百人的特定对象，不采用广告、公开劝诱和变相公开方式发行股份而筹集资本的设立公司的行为。

相对来说，非公开募集设立公司具有吸收社会闲散资金、在短期内筹集成立公司所需的巨额资本、缓解发起人的出资压力、便于公司成立等优点，同时还兼有设立周期短、设立费用少的特点。

（三）公司的设立条件

公司设立条件是指公司成立所必须具备的基本要素。《公司法》对有限责任公司和股份有限公司的设立条件做了规定。《公司法》对公司设立条件要求较低，大大方便了公司的成立。

1. 有限责任公司的设立条件

（1）股东符合法定人数。《公司法》规定，有限责任公司由五十个以下股东出资设立。这些股东既可以是自然人，也可以是法人，在法律上

---

① 黄琨.《公司法》中发起人出资分期缴纳的再思考——以募集设立的股份有限公司为视角[J]. 现代经济信息, 2013, (07): 199.

没有特别限制。作为自然人的发起人应当具有完全民事行为能力。作为法人的发起人,一般不能是政府机关。《公司法》允许一人有限责任公司的存在。但是,为了防止股东利用公司逃避债务,《公司法》对一人有限责任公司的设立增加了一些特别条件,并对股东对公司承担有限责任加以特别规定。一个自然人只能投资设立一个一人有限责任公司,并且该一人有限责任公司也不能投资设立新的一人有限责任公司。一人有限责任公司应当在其执照中载明自己的特点。另外,一人有限责任公司的股东不能证明公司财产独立于股东自己的财产的,应当对公司财务承担连带责任。

(2) 股东出资达到法定资本最低限额。股东出资是股东依法应当履行的义务,是取得股东资格、行使股东权利的前提条件。股东出资是公司作为独立经济组织赖以存在的物质基础,出资不到位或者不能全部到位,可能影响成立的公司的经营活动,也不利于保护公司债权人的合法权益。公司股东以其认缴的出资额为限,对公司债务承担责任。公司股东出资应当何时到位影响公司运行,影响公司利益,与他人关系不大。为此,我国《公司法》不再强制要求公司最低出资限额,公司注册资本金额完全由公司根据自己的需要确定。另外,《公司法》不再规定公司股东出资到位时间。公司股东出资到位时间也完全由公司自己决定。我国对外商投资企业没有规定法定资本最低限额,所以,如果设立的是有限责任公司,应当按照《公司法》的规定执行。

(3) 股东共同制定公司章程。公司章程是依法设定公司内部的法律关系,确立公司内部管理体制和公司运行程序,明确股东及公司机关权利义务关系的制度规则,也是公司有效成立的法律文件。《公司法》规定,股东共同制定公司章程。这说明公司章程的各项规定由全体股东参加制定,全体股东或股东代表必须在公司章程上签名、盖章。一人有限公司的章程由股东制定。

公司章程的记载事项，一般包括绝对必要记载事项、相对必要记载事项、相对记载事项和任意记载事项。绝对必要记载事项是涉及公司重大问题的内容，是法律强制性规定、应该在公司章程中记载的，缺少其中任何一项，公司就不能成立；相对必要记载事项是法律列举的、由章程制定人自主决定如何记载的内容；相对记载事项一般也由法律予以列举，但仅供股东选择、参考。任意记载事项，法律没有列举，股东结合公司的实际情况，在不违法的前提下，决定是否记载在公司章程中。

公司章程一经制定，对公司的各机构、股东等具有约束力。另外，作为公司的纲领，在特定情形下，公司章程还会对第三人产生影响。如第三人明知公司章程规定公司不能进行某项事务，仍然与公司的法定代表人进行此项事务，在法律上可能不会发生法律效力。

外商投资企业的章程必须经过商务部批准同意才能生效。

（4）有公司名称，建立符合公司要求的组织机构。公司名称是一个公司特定人格的表示，是一个公司区别于其他公司的重要标志。在我国，基本上是采用的"有限制的自由主义原则"与"真实原则"。"有限制的自由主义原则"是指，在不违反法律之规定的前提下，公司可以根据自己的意志选择自己的名称。"真实原则"是指，公司选择的名称必须与经营的内容、经营的范围、承担的责任一致，不使他人产生误解，也可保护社会利益。

《公司法》规定，依照本法设立的有限责任公司，必须在公司名称中标明有限责任公司或者有限公司字样。依照本法设立的股份有限公司，必须在公司名称中标明股份有限公司或者股份公司字样。

一人有限责任公司必须在其公司登记中标明自己的特点。一人有限责任公司应当在公司登记中注明自然人独资或者法人独资，并在公司营业执照中载明。这样做的目的在于使他人一看就知道该公司为一人有限责任公司，是一个自然人股东或者法人股东，股东对公司承担有限责任，第三人因此可以了解交易风险，保护自己的利益。

关于公司名称之组成，可以归纳以下方面：

第一，公司名称应当冠以公司所在地行政区划名称。有特殊情况，也可以不冠以公司所在地行政区划名称。

第二，公司可以选择字号。这是公司自己唯一可以自由选择的内容。字号应当由两个以上的汉字组成。私营公司可以使用投资人姓名作字号。

第三，公司应当根据其主营业务，依照国家行业分类标准划分的类别，在公司名称中标明所属行业或者经营特点。

第四，公司应当根据其组织结构或者责任形式，在公司名称中标明组织形式。所标明的组织形式必须明确易懂。有限责任公司，必须在公司名称中标明有限责任公司字样。股份有限公司，必须在公司名称中标明股份有限公司字样。

有限责任公司的组织机构是指依照公司法的规定而设立的公司机构。公司的组织机构包括股东会、董事会、监事会和经理等。这些机构的组成、职权、运行程序等都应该被明确规定。

（5）有自己的住所。公司的住所是其主要机构的所在地，必须在公司章程中载明，在公司登记机关登记，并据以同其客户进行正常的业务联系和办理其他事务，也是政府实施管理、征取税收、确定诉讼管辖、送达司法文书、确定债务履行、确定登记机关等的处所。

2. 股份有限公司的设立条件

（1）发起人符合法定人数。运行中的股份有限公司的股东人数成千上万，在公司设立时，不可能由所有的公司股东共同办理公司设立事宜。因此，法律允许一部分人承担公司设立的责任，这部分人就是发起人。股份有限公司的设立及运作对社会经济生活有较重要的作用和影响，为了维护公共利益和可能成为公司股东的许多人的利益，法律规定发起人应该达到一定人数，同时人数不能太多。《公司法》规定，设立股份有限公司，应当有二人以上二百人以下为发起人，其中须有半数以上的发起人在中国境内有住所。

（2）发起人认购和募集的股本达到法定资本最低限额。注册资本是公司从事经营活动的物质基础，也是公司债权人实现债权的基本担保。以发起式设立股份有限公司的，全体发起人应当足额认缴全部注册资本；以募集式设立股份有限公司的，全体发起人应当认缴注册资本的百分之三十五以上，其余部分向社会公开募集。

另外，股份有限公司采取发起设立方式设立的，注册资本为在公司登记机关登记的全体发起人认购的股本总额。股份有限公司采取募集方式设立的，注册资本为在公司登记机关登记的实收股本总额。

以发起设立方式设立股份有限公司的，发起人应当书面认足，公司章程规定其认购的股份，并按照公司章程规定缴纳出资。以非货币财产出资的，应当依法办理其财产权的转移手续。发起人不按照前款规定缴纳出资的，应当按照发起人协议的约定承担违约责任。

（3）股份发行、筹办事项符合法律规定。发起人设立股份有限公司，必须按照法律规定发行股份并进行其他筹办事项。发起人应当签订发起人协议，明确各自在设立公司过程中的权利和义务。发起人按照法律、发起人协议认购并缴纳出资。发起式设立股份有限公司的，发起人应当选举董事、监事，组成董事会和监事会，制定公司章程。

以募集式设立股份有限公司的，发起人根据法律和发起人协议认购公司股份后，公告招股说明书，并制作认股书。同时，发起人应当与依法设立的证券公司签订承销协议，与银行签订代收股款协议。股款缴足后，必须经依法设立的验资机构验资并出具证明。发起人应当在三十日内主持召开公司创立大会。创立大会由认股人组成。发行的股份超过招股说明书规定的截止期限尚未募足的，或者发行股份的股款缴足后，发起人在三十日内未召开创立大会的，认股人可以按照所缴股款并加算银行同期存款利息,要求发起人返还。发起人应当在创立大会召开十五日前将会议日期通知各认股人或者予以公告。创立大会应有代表股份总数过半数的发起人、认股人出席,方可举行。公司创立大会通过公司章程,选举董事、监事、组成董事会、监事会。

(4) 发起人制定公司章程,采用募集方式设立的经创立大会通过。股份有限公司的章程是全体发起人共同制定的。以发起式设立股份有限公司的,发起人制定并由全体发起人签字盖章后生效;以募集式设立股份有限公司的,发起人制订公司章程草案后,必须经过创立大会讨论,最后必须经过出席创立大会的代表股份总数半数以上的认股人同意通过,才能真正成为公司章程。股份有限公司章程应当载明的事项包括:①公司名称和住所;②公司经营范围;③公司设立方式;④公司股份总数、每股金额和注册资本;⑤发起人的姓名或者名称、认购的股份数、出资方式和出资时间;⑥董事会的组成、职权和议事规则;⑦公司法定代表人;⑧监事会的组成、职权和议事规则;⑨公司利润分配办法;⑩公司的解散事由与清算办法;⑪公司的通知和公告办法;⑫股东大会会议认为需要规定的其他事项。

(5) 有公司名称,建立符合股份有限公司要求的组织机构。公司的名称应当符合法律、法规的规定。公司的组织机构如股东大会、董事会、监事会及经理等,依照《公司法》和公司章程规定设立、运作。

(6) 有公司住所。公司的主要办事机构所在地是公司的住所。

(四) 公司的设立程序

1. 有限责任公司的设立程序

(1) 签订发起人协议。发起人协议是发起人之间为设立公司所达成的、明确彼此权利和义务关系的书面合同。与公司章程不同,发起人协议的作用在于规范、约束发起人的行为,其性质类似于合伙协议。发起人协议的内容包括组建公司的方案、股权分散或集中的程度,发起人之间的职责分工等。所以，发起人协议对公司组建至关重要，对公司的未来发展也有较大影响。

(2) 订立公司章程。订立公司章程是公司设立的一个必经程序。任何公司的设立均须订立章程，目的就是为了确定公司的宗旨、设立方式、经营范围、注册资本、组织机构及利润分配等重大事项，为公司设立创造条件，也为将来公司的运作提供基本规范。

(3) 报经主管部门审批。法律、行政法规规定公司必须报经批准的，应当在公司登记前办理批准手续。在我国，需要经过批准手续的有以下情形：

第一，某行业的公司由某特定的政府机关审批并进行业务监督管理，如金融性公司需要经中国人民银行及其各级分行批准。

第二，公司的业务范围中涉及的相关事宜应经某机关的审查批准，如涉及公共安全器材的生产和服务的，需要经过公安机关批准等。报批时，应向政府机关提交申请书、公司章程、资信证明、营业场地使用证、企业名称预先核准通知书等文件。经过审批机关批准后，才可办理注册登记手续。

(4) 缴纳出资。公司资本来源于股东的出资。出资是股东基于股东资格对公司所为的一定行为。股东都有出资义务。公司章程中所记载的资本总额，在公司成立时必须落实到每个股东名下。有限责任公司的注册资本为在公司登记机关登记的全体股东认缴的出资额。法律、行政法规以及国务院决定对有限责任公司注册资本实缴、注册资本最低限额另有规定的，从其规定。所以，公司注册资本只是公司在公司登记机关登记的由全体股东认缴的出资额，没有要求部分到位，更没有要求完全到位，甚至股东出资到位时间也没有任何法律规定。但是，如果其他法律、行政法规及国务院对有限责任公司有特殊规定的，仍然应当按照这些规定办理。同时，公司股东确实是以其认缴的出资额为限对公司债务承担责任。为此，公司注册资本的作用就是一种股东对公司债务承担的担保额，也是股东之间的一种出资契约。

有限责任公司成立后，发现作为设立公司出资的非货币财产的实际价额显著低于公司章程所定价额的，应当由交付该出资的股东补足其差额；公司设立时的其他股东承担连带责任。

(5) 确立公司管理机关。公司管理机关是对内管理事务，对外代表公司的法定机构。作为法人的公司，其意志的形成和实现，均依赖于法人机关及其成员的活动。因此，公司登记前，必须对公司的权力机构、业务执行机构和监督机构的组成及其成员的分工做出符合法律规定的决定。

(6) 申请公司登记。股东认同公司章程规定的出资后，由全体股东指定的代表或者共同委托的代理人向公司登记机关报送公司登记申请书、公司章程、验资证明等文件，申请设立登记。法律、行政法规规定设立时必须审批的，还应该提交有关审批文件。

2. 股份有限公司的设立程序

(1) 发起式设立程序。采取发起式设立股份有限公司的，公司资本全部由发起人认购，无须向社会公众募集，其设立程序相对简单，与有限责任公司的设立程序相当。

(2) 募集式设立的程序。采取募集式设立股份有限公司，需要对外募集股份，其设立程序相对复杂。与发起式设立程序相比，募集式设立多了下列程序。公开募集式设立公司与非公开募集式设立公司的程序不同。公开募集式设立公司的程序包括以下方面：

第一，发起人认足部分股份。《公司法》规定，以募集设立方式设立股份有限公司的，发起人认购的股份不得少于公司股份总数的百分之三十五；但是，法律、行政法规另有规定的，从其规定。所以，发起人只有认购以上规定比例的股份后，方可进行以后的募集设立行为。

第二，制作招股说明书。招股说明书，又称为募股章程，是公司发起人制订的，向社会公开的，旨在使社会公众了解公司基本情况和认股具体办法的，便于公众认购公司股份的书面文件。招股说明书应当附有发起人制订的公司章程，并载明相关事项，主要包括：①发起人认购的股份数；②每股的票面金额和发行价格；③无记名股票的发行总数；④募集资金的用途；⑤认股人的权利、义务；⑥本次募股的起止期限及逾期未募足时认股人可以撤回所认股份的说明。

第三，报经国务院证券监督管理机构或者国务院授权的部门注册。由于公开募集股份涉及广大公众的利益，关系到社会经济秩序的正常和稳定，我国规定，公开发行证券，必须符合法律、行政法规规定的条件，并依法报经国务院证券监督管理机构或者国务院授权的部门注册。未经依法注册，任何单位和个人不得公开发行证券。证券发行注册制的具体范围、实施步骤，由国务院规定。有相关情形之一的，为公开发行：①向不特定对象发行证券；②向特定对象发行证券累计超过二百人，但依法实施员工持股计划的员工人数不计算在内；③法律、行政法规规定的其他发行行为。非公开发行证券，不得采用广告、公开劝诱和变相公开方式。同时，公司申请公开发行股票，依法采取承销方式的，应当聘请证券公司担任保荐人。保荐人应当遵守业务规则和行业规范，诚实守信，勤勉尽责，对发行人的申请文件和信息披露资料进行审慎核查，督导发行人规范运作。

第四，公告和招募股份。发起人在募集申请得到证券管理部门核准后，即可以向社会公告招股说明书，邀约公众认购股份，制作认股书，供认股人填写。认股人根据招股说明书和自己的情况，在认股书上填写认购股数、金额、住所，并签名、盖章。认股人按照所认购股数缴纳股款。

股份发行有直接发行与间接发行两种方式。直接发行就是公司直接向社会公众发行。间接发行则是公司以证券公司为中介，向社会公众发行股份。发起人向社会公开募集股份，应当由依法设立的证券公司承销，签订承销协议。发起人向社会公开募集股份，应当同银行签订代收股款协议。代收股款的银行应当按照协议代收和保存股款，向缴纳股款的认股人出具收款单据，并负有向有关部门出具收款证明的义务。发行股份的股款缴足后，必须经法定的验资机构验资并出具证明。

第五，召开创立大会。公司发行股份的股款缴足后，发起人应当在三十日内主持召开公司创立大会。创立大会又称为认股人大会，由认股人组成，决定是否成立公司、公司设立中和公司成立后的重大事项。创立大会是公司成立前的决议机关。创立大会行使的职权包括：①审议发起人关于公司筹办情况的报告；②通过公司章程；③选举董事会成员；④选举监事会成员；⑤对公司的设立费用进行审核；⑥对发起人用于抵作股款的财产的作价进行审核；⑦发生不可抗力或者经营条件发生重大变化直接影响公司设立的，可以做出不设立公司的决议。创立大会对前款所列事项做出决议，必须经出席会议的认股人所持表决权过半数通过。

四、公司的资本制度

（一）公司资本的基本原则

"为了树立和维持公司的对外信用，防止债权人利益因信息弱势或股东滥用有限责任而致损害，各国公司法律要求设立公司必须具备一定额度的注册资本，或称法定资本，以作为公司对外承担责任的担保，并需在公司经营过程中始终维持这一基本的资本要求。这是资本三原则最朴素的逻辑起点。"[1] 公司资本的三项基本原则，即资本确定原则、资本维持原则和资本不变原则，并称为"资本三原则"。

---

[1] 赵万一. 资本三原则的功能更新与价值定位 [J]. 法学评论，2017，35（01）：83.

1. 资本确定原则

资本确定原则，是指在设立公司时，必须在章程中对公司的资本总额做出明确的规定，并须由股东全部认足，否则公司不能成立。资本确定原则的含义有两点：①要求公司资本总额必须明确记载于公司章程，使之成为一个具体的、确定的数额；②要求章程确定的资本总额在公司设立时必须分解落实到人，即全体股东认足。确定公司资本数额是公司实力的直接标志，也是有限责任股东承担责任的限定范围。当然，资本确定制度也存在一些不足，有些大陆法系国家和地区已经修改公司法，抛弃了资本法定制度，实行授权资本制度，如日本、韩国、法国、德国等的公司法规定，公司资本总额必须记载于章程，但不要求在公司设立时公司资本必须落实到人，不要求全体股东认足。

2. 资本维持原则

资本维持原则，又称为资本充实原则，是指公司在其存续期间，应该经常保持与其资本额相当的财产。资本维持原则是公司三项资本制度之一，在保护各方利益、维护市场秩序等方面发挥着重要作用。公司资本是公司赖以生存和经营的物质基础，也是公司对债权人的总担保。在公司运行过程中，公司可能盈利，也可能亏损，公司的净资产便处于不断变动之中。为了防止因为公司的净资产减少而危害公司债权人的利益，同时为了防止股东对盈利分配的过高要求，确保公司业务的正常开展，各国公司法都确认了资本维持原则。

资本维持原则表现在以下方面：

（1）股东应该按照规定足额出资。股东不按照规定缴纳出资的，除应当向公司足额缴纳外，还应当向已按期足额缴纳出资的股东承担违约责任。有限责任公司成立后，发现作为设立公司出资的非货币财产的实际价额显著低于公司章程所定价额的，应当由交付该出资的股东补足其差额；公司设立时的其他股东承担连带责任。

（2）不得抽逃出资。发起人、认股人缴纳股款或者交付抵作股款的出资后，除未按期募足股份、发起人未按期召开创立大会或者创立大会决议不设立公司的情形外，不得抽回其股本。公司的发起人、股东在公司成立后，抽逃其出资的，由公司登记机关责令改正，处以所抽逃出资金额百分之五以上百分之十五以下的罚款。

（3）亏损必先弥补。公司分配当年税后利润时，应当提取利润的百分之十列入公司法定公积金。公司法定公积金累计额为公司注册资本的百分之五十以上的，可以不再提取。公司的法定公积金不足以弥补以前年度亏损的，在依照前款规定提取法定公积金之前，应当先用当年利润弥补亏损。公司从税后利润中提取法定公积金后，经股东会或者股东大会决议，还可以从税后利润中提取任意公积金。公司弥补亏损和提取公积金后所余税后利润，有限责任公司依照规定分配；股份有限公司按照股东持有的股份比例分配，但股份有限公司章程规定不按持股比例分配的除外。股东会、股东大会或者董事会违反前款规定，在公司弥补亏损和提取法定公积金之前向股东分配利润的，股东必须将违反规定分配的利润退还公司。公司持有的本公司股份不得分配利润。

（4）累积转投资受到限制。公司可以向其他企业投资，但是，除法律另有规定外，不得成为对所投资企业的债务承担连带责任的出资人。

（5）股票的发行价格不得低于票面金额。股票是公司签发的证明股东所持股份的凭证，是股份的载体。股票发行价格可以按票面金额，也可以超过票面金额，但不得低于票面金额。

3. 资本不变原则

资本不变原则，是指公司的资本一经确定，即不得随意改变，如果需要增加或减少，必须严格按照法定程序进行。公司资本不变原则不是要求公司资本绝对不变，而是公司不得随意改变公司资本，不得随意增加或减少。公司资本的变化，不仅涉及公司利益，还涉及公司债权人的利益。因此，许多国家的公司法都确定了此制度。《公司法》规定，有限责任公司增加或减少注册资本，必须经代表三分之二以上表决权的股东通过；股份有限公司增加或减少注册资本，必须经出席会议的股东所持表决权的三分之二以上通过。同时，《公司法》规定，公司需要减少注册资本时，必须编制资产负债表及财产清单。公司应当自做出减少注册资本决议之日起十日内通知债权人，并于三十日内在报纸上公告。债权人自接到通知书之日起三十日内，未接到通知书的自公告之日起四十五日内，有权要求公司清偿债务或者提供相应的担保。公司减资后的注册资本不得低于法定的最低限额。

(二) 公司资本制度的类型

1. 法定资本制

法定资本制，又称为确定资本制，是指设立公司时，发起人必须对公司的资本总额做出明确的规定，还必须认购公司全部股份，否则公司不能成立。法定资本制可以分为严格法定资本制（发起人实缴公司全部出资后才能成立）和一般法定资本制。

法定资本制强调公司资本的确定、不变和维持，全部注册资本落实到人，这在保证公司资本真实、可靠，防止公司设立欺诈，保障债权和交易安全等方面，具有明显优点。但是，在法定资本制下，公司成立时，发起人的出资压力较大；公司成立后增资时，须召开股东大会，以绝对多数通过，又须变更公司章程、办理公司登记，所以其程序比较复杂，手续烦琐。法定资本制的价值追求主要是为了保护债权人的利益和交易安全。

2. 授权资本制

授权资本制源于英美法。依照英美法，公司设立时，发起人只要在基本章程确定股份资本，并各认一股以上，即得申请设立公司，于接获设立证书后，公司即得处理。在设立阶段，并不需就章程所设定之股份资本为全额之发行，其余股份等公司成立后，按照公司之实际之需要，再分次发行。

授权资本制不要求发起人认足公司全部注册资本，甚至只需认购注册资本的一小部分，公司就可成立，这就方便了公司的成立，减轻了发起人的出资负担。同时，公司在成立后增资时，无须召开股东大会、变更章程和公司登记，能够很好地适应市场经济的发展。但是，在授权资本制下，公司实收资本可能很少，容易被人用于欺诈，对保护公司债权人利益和保障交易安全不利。授权资本制的价值追求主要是方便公司设立，维护发起人的利益。

3. 折中资本制

鉴于法定资本制和授权资本制各有利弊，一些国家公司立法在权衡利弊的基础上，创造出一种新的公司资本制——折中资本制。折中资本制，又称为认可资本制，是指公司设立时，仍采取资本确定原则，并以章程规定，但公司成立后若干年内，就基本资本额一定范围内，认可董事会只需经监事会之同意，即得发行新股，增加资本，而无须经股东会之特别决议。现在，许多大陆法系国家或者地区的公司法都采取这种资本制。

《公司法》规定，有限责任公司的注册资本为在公司登记机关登记的全体股东认缴的出资额，股份有限公司采取发起设立方式设立的，注册资本为在公司登记机关登记的全体发起人认购的股本总额。股份有限公司采取募集方式设立的，注册资本为在公司登记机关登记的实收股本总额。所以，对于发起式设立的公司，我国《公司法》采取了一般法定资本制，对于募集式设立的股份有限公司，仍然采取严格的法定资本制。

第二节　合伙企业的法律架构与运作

一、合伙企业的认知

合伙企业，是指自然人、法人和其他组织依照《中华人民共和国合伙企业法》（以下简称《合伙企业法》）在中国境内设立的普通合伙企业和有限合伙企业。

（一）合伙企业的分类

1. 普通合伙企业

普通合伙企业由普通合伙人组成，合伙人对合伙企业债务承担无限连带责任。普通合伙企业是典型的人合型企业，以出资人的个人信用为基础，合伙人之间的相互信赖是其设立存续的基石。

普通合伙企业又分为一般的普通合伙企业和特殊的普通合伙企业。特殊的普通合伙企业，一般是指以专业知识和专业技能为客户提供有偿服务的专业机构。特殊的普通合伙企业名称中应当标明"特殊普通合伙"字样。特殊的普通合伙企业中，在为客户提供服务时，合伙人个人的知识、技能、职业道德、经验等往往起着决定性的作用。所以，依据合伙人执业活动中造成合伙企业债务的主观因素的不同，合伙人承担责任的方式也不同。一个合伙人或者数个合伙人在执业活动中因故意或者重大过失造成合伙企业债务的，应当承担无限责任或者无限连带责任，其他合伙人以其在合伙企业中的财产份额为限承担责任。合伙人在执业活动中非因故意或者重大过失造成的合伙企业债务以及合伙企业的其他债务，由全体合伙人承担无限连带责任。

2. 有限合伙企业

有限合伙企业由普通合伙人和有限合伙人组成，普通合伙人对合伙企业债务承担无限连带责任，有限合伙人以其认缴的出资额为限对合伙企业债务承担责任。有限合伙企业这一形式主要是为了适应发展风险投资的需要。

(二) 合伙企业的法律特征

1. 由两个以上投资人共同投资兴办

合伙企业的投资人既可以为具有完全行为能力的自然人，也可以为法人，但是必须为两人或者两人以上。这使得合伙企业区别于个人独资企业。投资人的出资形式多样化，除了一般的货币、实物、土地使用权、知识产权和其他财产权利外，普通合伙人还可以以个人劳务出资，评估办法由全体合伙人协商确定，并在合伙协议中载明。

2. 合伙企业属人合型企业

合伙企业的设立在一定程度上是基于合伙人之间的相互信赖，合伙企业当中合伙人共同参与企业的经营管理，普通合伙人对执行合伙事务享有同等的权利。有限合伙人不执行合伙事务，不对外代表有限合伙企业。合伙企业吸收新的合伙人必须经全体合伙人一致同意。

3. 合伙人对企业债务依法承担责任

普通合伙人对合伙债务承担无限或无限连带责任，有限合伙人对合伙债务承担有限责任。在合伙企业与第三人的关系中，合伙企业以其所有财产清偿第三人的债务，不足清偿时，普通合伙人负有以其在合伙企业中出资以外的个人财产清偿合伙企业债务的责任。

4. 合伙人以书面合伙协议确定各方出资、利润分享和亏损分担等

合伙企业是根据合伙人共同签订的合伙协议成立的企业组织形态。合伙协议既是合伙企业设立的法律依据，又是调整合伙企业内部关系的基本文件。因此，合伙协议是合伙人之间确定权利义务关系的最重要的

依据，合伙人应以书面形式在合伙协议中明确约定出资方式、数额、利润分配方式、亏损分担方式、合伙事务的执行、入伙、退伙、合伙终止等事项。

二、合伙企业的设立

（一）普通合伙企业的设立

1. 普通合伙企业的合伙人

除自然人外，法人和其他组织也可以成为合伙企业的合伙人。合伙人为自然人的，应当具有完全民事行为能力。若出资人为一个自然人，则是独资企业而非合伙企业。《合伙企业法》未规定普通合伙企业合伙人人数的上限，这是大陆法系合伙立法的普遍做法。但是，由于合伙的人合性特征，实践中合伙人人数一般不会太多。无民事行为能力、限制民事行为能力人不能成为普通合伙企业的合伙人。法律、行政法规禁止从事营利性活动的人，不得成为合伙人。《合伙企业法》明确规定，国有独资公司、国有企业、上市公司以及公益性的事业单位、社会团体不得成为普通合伙人。

2. 普通合伙企业的合伙协议

合伙协议是由全体合伙人协商一致订立的约定合伙人权利义务关系的协议。合伙协议必须采用书面形式。合伙协议应当载明的事项包括：①合伙企业的名称和主要经营场所的地点；②合伙目的和合伙经营范围；③合伙人的姓名或者名称、住所；④合伙人的出资方式、数额和缴付期限；⑤利润分配、亏损分担方式；⑥合伙事务的执行；⑦入伙与退伙；⑧争议解决办法；⑨合伙企业的解散与清算；⑩违约责任。合伙协议经全体合伙人签名、盖章后生效。合伙人按照合伙协议享有权利，履行义务。修改或者补充合伙协议，应当经全体合伙人一致同意；但是，合伙协议另有约定的除外。

3. 普通合伙企业的出资

普通合伙人可以用货币、实物、知识产权、土地使用权或者其他财产权利出资，也可以用劳务出资。合伙人以实物、知识产权、土地使用权或者其他财产权利出资，需要评估作价的，可以由全体合伙人协商确定，也可以由全体合伙人委托法定评估机构评估。合伙人以劳务出资的，其评估办法由全体合伙人协商确定，并在合伙协议中载明。

4. 普通合伙企业的企业名称

合伙企业名称中应当标明"普通合伙"或"特殊普通合伙"字样，未在其名称中标明"普通合伙"或"特殊普通合伙"字样的，由企业登记机关责令限期改正，处以2000元以上10000元以下的罚款。

（二）有限合伙企业的设立

有限合伙企业是由普通合伙人和有限合伙人共同设立的合伙企业。按照《合伙企业法》的规定，有限合伙企业由2个以上50个以下合伙人设立；但是，法律另有规定的除外。

1. 有限合伙企业的合伙人

有限合伙企业中至少有一个普通合伙人和至少一个有限合伙人。有限合伙企业合伙人上限为50人，但是，法律另有规定的除外。

国有独资公司、国有企业、上市公司以及公益性的事业单位、社会团体不得成为普通合伙人，但法律并未限制其成为有限合伙人。

2. 有限合伙企业的合伙协议

有限合伙企业合伙协议除了载明普通合伙企业协议相关事项外，还应当载明的事项包括：①普通合伙人和有限合伙人的姓名或者名称、住所；②执行事务合伙人应具备的条件和选择程序；③执行事务合伙人权限与违约处理办法；④执行事务合伙人的除名条件和更换程序；⑤有限合伙人入伙、退伙的条件、程序以及相关责任；⑥有限合伙人和普通合伙人相互转变程序。

3. 有限合伙企业的出资

有限合伙人可以用货币、实物、知识产权、土地使用权或者其他财产权利作价出资，但不得以劳务出资，普通合伙人可以以劳务出资，这是有限合伙人与普通合伙人在出资方式上的重要区别。有限合伙人应当按照合伙协议的约定按期足额缴纳出资；未按期足额缴纳的，应当承担补缴义务，并对其他合伙人承担违约责任。有限合伙企业登记事项中应当载明有限合伙人的姓名或者名称及认缴的出资数额。

4. 有限合伙企业的企业名称

有限合伙企业名称中应当标明"有限合伙"字样。

（三）合伙企业的设立程序

1. 申请人向企业登记机关提交相关文件

申请设立合伙企业，应当向企业所在地的登记机关提交全体合伙人签署的设立登记申请书、全体合伙人的身份证明、全体合伙人指定代表或者共同委托代理人的委托书、合伙协议书、全体合伙人对各合伙人认缴或者实际缴付出资的确认书、主要经营场所证明等文件。合伙企业的经营范围中有属于法律、行政法规规定在登记前须经批准的项目的，该项经营业务应当依法经过批准，并在登记时提交批准文件。

2. 企业登记机关核发营业执照

申请人提交的登记申请材料齐全、符合法定形式，企业登记机关能够当场登记的，应予当场登记，发给合伙企业营业执照。企业登记机关应当自受理申请之日起二十日内，做出是否登记的决定。对符合规定条件的，予以登记，发给合伙企业营业执照；对不符合规定条件的，不予登记，并应予以书面答复，说明理由。提交虚假文件或者采取其他欺骗手段，取得合伙企业登记的，由企业登记机关责令改正，处以五千元以上五万元以下的罚款；情节严重的，撤销企业登记，并处以五万元以上二十万元以下的罚款。合伙企业的营业执照签发日期，为合伙企业成立日期。未领取营业执照,而以合伙企业或者合伙企业分支机构名义从事合伙业务的,由企业登记机关责令停止,处以五千元以上五万元以下的罚款。

合伙企业设立分支机构,应当向分支机构所在地的企业登记机关申请登记,领取营业执照。合伙企业登记事项发生变更的,执行合伙事务的合伙人应当自做出变更决定或者发生变更事由之日起十五日内,向企业登记机关申请办理变更登记。合伙企业登记事项发生变更时,未依法办理变更登记的,由企业登记机关责令限期登记,逾期不登记的,处以二千元以上二万元以下的罚款。合伙企业登记事项发生变更,执行合伙事务的合伙人未按期申请办理变更登记的,应当赔偿由此给合伙企业、其他合伙人或者善意第三人造成的损失。

三、合伙企业的财产

合伙企业财产是指合伙存续期间,合伙人的出资、以合伙企业名义取得的收益和依法取得的其他财产。由此可知,合伙人的财产由合伙人出资、以合伙人名义取得的收益、依法取得的其他财产三部分构成。

四、合伙企业的事务管理

(一)合伙企业事务管理的方式

1. 合伙人执行合伙企业事务

合伙企业事务管理,比较常见的形式是由合伙人执行合伙企业事务。在普通合伙企业中,任何一个合伙人都有权执行合伙事务、对外代表合伙企业,其地位是完全平等的。

有限合伙企业由普通合伙人执行合伙事务,有限合伙人不执行合伙事务,不得对外代表有限合伙企业。有限合伙人的下列行为,不视为执行合伙事务:

(1) 参与决定普通合伙人入伙、退伙；对企业的经营管理提出建议。

(2) 参与选择承办有限合伙企业审计业务的会计师事务所。

(3) 获取经审计的有限合伙企业财务会计报告。

(4) 对涉及自身利益的情况，查阅有限合伙企业财务会计账簿等财务资料。

(5) 在有限合伙企业中的利益受到侵害时，向有责任的合伙人主张权利或者提起诉讼。

(6) 执行事务合伙人怠于行使权利时，督促其行使权利或者为了本企业的利益以自己的名义提起诉讼；依法为本企业提供担保。

合伙人执行合伙企业事务，可以有两种形式：①全体普通合伙人共同执行合伙事务，这是合伙事务执行的基本形式，也是合伙企业中经常使用的一种形式，尤其是在合伙人较少的情况下较适宜；②委托一个或者数个普通合伙人执行合伙事务，该形式是在合伙人共同执行合伙事务基础上引申出来的，按照合伙协议的约定或者经全体合伙人决定，可以委托一个或数个普通合伙人对外代表合伙企业，执行合伙事务。

2. 合伙人以外的人担任合伙企业的经营管理人员

经全体合伙人一致同意，可以聘请合伙人以外的人担任合伙企业的经营管理人员，被聘任的合伙企业的经营管理人员应当在合伙企业授权范围内履行职务。被聘任的合伙企业的经营管理人员，超越合伙企业授权范围履行职务，或者在履行职务过程中因故意或者重大过失给合伙企业造成损失的，依法承担赔偿责任。

(二) 合伙企业的损益分配

合伙企业的利润分配、亏损分担，按照合伙协议的约定办理；合伙协议未约定或者约定不明确的，由合伙人协商决定；协商不成的，由合伙人按照实缴出资比例分配、分担；无法确定出资比例的，由合伙人平均分配、分担。

普通合伙企业的合伙协议不得约定将全部利润分配给部分合伙人或者由部分合伙人承担全部亏损。除非合伙协议另有约定，有限合伙企业不得将全部利润分配给部分合伙人。这是普通合伙企业和有限合伙企业在损益分配方面的重要区别。

（三）合伙人身份的转换

除合伙协议另有约定外，普通合伙人转变为有限合伙人，或者有限合伙人转变为普通合伙人，应当经全体合伙人一致同意。有限合伙人转变为普通合伙人的，对其作为有限合伙人期间有限合伙企业发生的债务承担无限连带责任。普通合伙人转变为有限合伙人的，对其作为普通合伙人期间合伙企业发生的债务承担无限连带责任。当有限合伙企业仅剩普通合伙人时，有限合伙企业转变为普通合伙企业，并进行变更登记。当有限合伙企业仅剩有限合伙人时，则该企业不再是合伙企业，应当解散。

五、合伙企业的权利和义务

（一）合伙人在企业财产中的权利和义务

在合伙企业存续期间，除依法退伙等情形外，合伙人在合伙企业清算前，不得请求分割合伙企业的财产，也不得私自转移或者处分合伙企业财产。

除合伙协议另有约定外，普通合伙人向合伙人以外的人转让其在合伙企业中的全部或者部分财产份额时，须经其他合伙人一致同意。并且在同等条件下，其他普通合伙人有优先购买权；但是，合伙协议另有约定的除外。合伙人以外的人依法受让普通合伙人在合伙企业中的财产份额的，经修改合伙协议即成为合伙企业的普通合伙人，依照《合伙企业法》和修改后的合伙协议享有权利和履行义务。普通合伙人之间转让在合伙企业中的全部或者部分财产份额时，应当通知其他合伙人。普通合伙人以其在合伙企业中的财产份额出质的，须经其他合伙人一致同意；未经其他合伙人一致同意，其行为无效，由此给善意第三人造成损失的，由行为人依法承担赔偿责任。

与普通合伙人不同的是，除非合伙协议另有约定，有限合伙人可以按照合伙协议的约定向合伙人以外的人转让其在有限合伙企业中的财产份额，但应当提前三十日通知其他合伙人，有限合伙人还可以将其在有限合伙企业中的财产份额出质。

（二）合伙人在企业事务管理中的权利和义务

1. 一般规定

按照合伙协议的约定或者经全体合伙人决定，委托一个或者数个普通合伙人对外代表合伙企业，执行合伙事务，则其他合伙人不再执行合伙事务，不具有事务执行权的合伙人擅自执行合伙事务，给合伙企业或者其他合伙人造成损失的，依法承担赔偿责任。

不执行合伙事务的合伙人有权监督执行事务合伙人执行合伙事务的情况。由一个或者数个合伙人执行合伙事务的，执行事务合伙人应当定期向其他合伙人报告事务执行情况以及合伙企业的经营和财务状况，其执行合伙事务所产生的收益归合伙企业，所产生的费用和亏损由合伙企业承担。受委托执行合伙事务的合伙人不按照合伙协议或者全体合伙人的决定执行事务的，其他合伙人可以决定撤销该委托。合伙人执行合伙事务，或者合伙企业从业人员利用职务上的便利，将应当归合伙企业的利益据为己有的，或者采取其他手段侵占合伙企业财产的，应当将该利益和财产退还合伙企业；给合伙企业或者其他合伙人造成损失的，依法承担赔偿责任。

合伙人对合伙企业有关事项做出决议，按照合伙协议约定的表决办法办理。合伙协议未约定或者约定不明确的，实行合伙人一人一票并经全体合伙人过半数通过的表决办法。除合伙协议另有约定外，合伙企业的相关事项应当经全体合伙人一致同意：①改变合伙企业的名称；②改变合伙企业的经营范围、主要经营场所的地点；③处分合伙企业的不动产；④转让或者处分合伙企业的知识产权和其他财产权利；⑤以合伙企业名义为他人提供担保；⑥聘任合伙人以外的人担任合伙企业的经营管理人员。合伙人合伙协议约定必须经全体合伙人一致同意始得执行的事务擅自处理，给合伙企业或者其他合伙人造成损失的，依法承担赔偿责任。

2. 普通合伙人和有限合伙人的不同规定

在合伙企业存续期间，普通合伙人不得自营或者同他人合作经营与本合伙企业相竞争的业务。除合伙协议另有约定或者经全体合伙人一致同意外，普通合伙人不得同本合伙企业进行交易。普通合伙人违反合伙企业法规定或者合伙协议的约定，从事与本合伙企业相竞争的业务或者与本合伙企业进行交易的，该收益归合伙企业所有，给合伙企业或者其他合伙人造成损失的，依法承担赔偿责任。

除非合伙协议另有约定，有限合伙人可以同本企业进行交易。有限合伙人无竞业禁止义务。除非合伙协议另有约定，有限合伙人可以自营或者同他人合作经营与本有限合伙企业相竞争的业务。

六、合伙企业的解散与清算

（一）合伙企业的解散

合伙企业解散的原因主要包括：①合伙期限届满，合伙人决定不再经营；②合伙协议约定的解散事由出现；③全体合伙人决定解散；④合伙人已不具备法定人数满三十天；⑤合伙协议约定的合伙目的已经实现或者无法实现；⑥依法被吊销营业执照、责令关闭或者被撤销；⑦法律、行政法规规定的其他原因。

（二）合伙企业的清算

合伙企业解散，应当由清算人进行清算。

1. 清算人

清算人由全体合伙人担任；经全体合伙人过半数同意，可以自合伙企业解散事由出现后十五日内指定一个或者数个合伙人，或者委托第三人，担任清算人。自合伙企业解散事由出现之日起十五日内未确定清算人的，合伙人或者其他利害关系人可以申请人民法院指定清算人。

清算人在清算期间执行的事务包括：①清理合伙企业财产，分别编制资产负债表和财产清单；②处理与清算有关的合伙企业未了结事务；③清缴所欠税款；④清理债权、债务；⑤处理合伙企业清偿债务后的剩余财产；⑥代表合伙企业参加诉讼或者仲裁活动。

清算人执行清算事务，牟取非法收入或者侵占合伙企业财产的，应当将该收入和侵占的财产退还合伙企业，给合伙企业或者其他合伙人造成损失的，依法承担赔偿责任。清算人违反合伙企业法规定，隐匿、转移合伙企业财产，对资产负债表或者财产清单作虚假记载，或者在未清偿债务前分配财产，损害债权人利益的，依法承担赔偿责任。

2. 清算程序

清算人自被确定之日起十日内将合伙企业解散事项通知债权人，并于六十日内在报纸上公告。债权人应当自接到通知书之日起三十日内，未接到通知书的自公告之日起四十五日内，向清算人申报债权。

债权人申报债权，应当说明债权的有关事项，并提供证明材料。清算人应当对债权进行登记。清算期间，合伙企业存续，但不得开展与清算无关的经营活动。

合伙企业财产在支付清算费用后，应按顺序清偿：①合伙企业所欠职工工资和劳动保险费用；②合伙企业所欠税款；③合伙企业的债务；④退还合伙人出资。按顺序清偿后有剩余的，则按合伙协议约定或者法定比例在原合伙人之间分配。如果合伙企业财产不足以清偿其债务的，由原普通合伙人承担无限连带责任。合伙企业注销后，原普通合伙人对合伙企业存续期间的债务仍应承担无限连带责任。合伙企业不能清偿到期债务的，债权人可以依法向人民法院提出破产清算申请，也可以要求普通合伙人清偿。合伙企业依法被宣告破产的，普通合伙人对合伙企业债务仍应承担无限连带责任。

清算结束，清算人应当编制清算报告，经全体合伙人签名、盖章后，在十五日内向企业登记机关报送清算报告，申请办理合伙企业注销登记。清算人未依照本法规定向企业登记机关报送清算报告，或者报送清算报告隐瞒重要事实，或者有重大遗漏的，由企业登记机关责令改正。由此产生的费用和损失，由清算人承担和赔偿。

第三节　个人独资企业的法律规范

一、个人独资企业的法律特征

第一，个人独资企业由一个自然人投资。根据《中华人民共和国个人独资企业法》（以下简称《个人独资企业法》）的规定，设立个人独资企业的投资人只能是一个自然人，国家机关、国家授权投资的机构或者国家授权的部门、企业、事业单位都不能作为独资企业的设立人。这是独资企业在投资主体上与合伙企业和公司的区别所在。

第二，个人独资企业的全部财产为投资人个人所有。投资人是企业财产（包括企业成立时投资人的出资和企业存续期间积累的财产）的唯一所有者。换言之，独资企业财产与投资人个人财产没有严格区分。

第三，个人独资企业的投资人以其个人财产对企业债务承担无限责任。个人独资企业的投资人以其个人财产对企业债务承担无限责任，这是在责任形态方面独资企业与公司（包括一人有限责任公司）的本质区别。该无限责任包含三层意思：①独资企业的债务全部由投资人承担；②投资人承担责任不限于出资额，其责任财产包括独资企业财产和投资人个人财产；③投资人对独资企业债权人直接负责。

第四，个人独资企业是非法人企业。个人独资企业由一个自然人投资，投资人对企业债务承担无限责任，企业的责任即是投资人个人责任，企业的财产即是投资人个人财产。因此，独资企业不享有独立的财产权利，也不能独立承担责任，故其不具有法人资格。但是，独资企业是独立的民事主体，可以以自己的名义从事民事活动。

二、个人独资企业的设立

（一）个人独资企业的设立条件

1. 投资人为中国公民

个人独资企业的投资人为一个自然人，且只能是具有中华人民共和国国籍的自然人，不包括外国自然人，所以外商独资企业不适用《个人独资企业法》，而适用《中华人民共和国外资企业法》。法律、行政法规禁止从事营利性活动的人，不得作为投资人申请设立个人独资企业。我国现行法律、行政法规规定的禁止从事营利性活动的人主要包括：①法官，即凡取得法官任职资格、依法行使国家审判权的审判人员；②检察官，即凡取得检察官任职资格、依法行使国家检察权的检察人员；③人民警察；④国家公务员；⑤现役军人。

2. 有合法的企业名称

个人独资企业的名称应当与其责任形式及从事的营业相符合。独资企业名称中不得使用"有限""有限责任"或者"公司"字样，个人独资企业可以叫厂、店、部、中心、工作室等。

3. 有必要的从业人员

即要有与其生产经营范围、规模相适应的从业人员。

4. 有投资人申报的出资

投资人可以以个人财产出资，或者以家庭共有财产作为出资。个人独资企业投资人在申请企业设立登记时明确以其家庭共有财产作为出资的，应当依法以家庭共有财产对企业债务承担无限责任。

5. 有固定的生产经营场所和必要的生产经营条件

生产经营场所包括企业的住所和与生产经营相适应的场所。住所是企业的主要办事机构所在地，是企业的法定地址。

（二）个人独资企业的设立程序

1. 提出设立申请

申请设立个人独资企业，应当由投资人或者其委托的代理人向个人独资企业所在地的登记机关提出设立申请。市场监督管理部门是个人独资企业的登记机关。国家市场监督管理总局主管全国个人独资企业的登记工作。省、自治区、直辖市市场监督管理部门负责本地区个人独资企业的登记工作。市、县（区）市场监督管理部门负责本辖区内的个人独资企业登记。

投资人申请设立登记，应当向登记机关提交设立申请书、投资人身份证明、生产经营场所使用证明等文件。委托代理人申请设立登记时，应当出具投资人的委托书和代理人的合法证明。个人独资企业不得从事法律、行政法规禁止经营的业务；从事法律、行政法规规定须报经有关部门审批的业务，应当在申请设立登记时提交有关部门的批准文件。

2. 核准登记

登记机关应当在收到设立申请文件之日起十五日内，对符合《个人独资企业法》规定条件的，予以登记，发给营业执照；对不符合《个人独资企业法》规定条件的，不予登记，并应当给予书面答复，说明理由。

个人独资企业的营业执照的签发日期，为个人独资企业成立日期。

3. 分支机构登记

个人独资企业设立分支机构，应当由投资人或者其委托的代理人向分支机构所在地的登记机关申请登记，领取营业执照。分支机构经核准登记后，应将登记情况报该分支机构隶属的个人独资企业的登记机关备案。分支机构的民事责任由设立该分支机构的个人独资企业承担。实质上，个人独资企业分支机构的民事责任仍由投资人承担。登记机关应当在收到按规定提交的全部文件之日起十五日内，做出核准登记或者不予登记的决定。核准登记的，发给营业执照；不予登记的，发给登记驳回通知书。

三、个人独资企业的事务管理

个人独资企业投资人对本企业的财产依法享有所有权，其有关权利可以依法进行转让或继承。企业的财产不论是投资人的原始投入，还是经营所得，均归投资人所有。

个人独资企业投资人可以自行管理企业事务，也可以委托或者聘用其他具有民事行为能力的人负责企业的事务管理。投资人委托或者聘用他人管理个人独资企业事务，应当与受托人或者被聘用的人签订书面合同，明确委托的具体内容和授予的权利范围。投资人对受托人或者被聘用的人员职权的限制，不得对抗善意第三人。这里所指的善意第三人，是指与个人独资企业有经济联系的第三人不知道投资人对受托人行使权利所作限制的事实，本着合法交易的目的，诚实地通过个人独资企业的事务执行人，与个人独资企业建立民事、商事法律关系的法人、非法人团体或自然人。

受托人或者被聘用的人员应当履行诚信、勤勉义务，按照与投资人签订的合同负责个人独资企业的事务管理。受托人或者被聘用的人员应当履行诚信、勤勉义务，按照与投资人订立的合同负责个人独资企业的事务管理，不得有不当的行为，主要包括：①利用职务上的便利，索取或者收受贿赂；②利用职务或者工作上的便利侵占企业财产；③挪用企业的资金归个人使用或者借贷给他人；④擅自将企业资金以个人名义或者以他人名义开立账户储存；⑤擅自以企业财产提供担保；⑥未经投资人同意，从事与本企业相竞争的业务；⑦未经投资人同意，同本企业订立合同或者进行交易；⑧未经投资人同意，擅自将企业商标或者其他知识产权转让给他人使用；⑨泄露企业的商业秘密；⑩法律、行政法规禁止的其他行为。受托人或者被聘用的人员管理个人独资企业事务时违反双方订立的合同，给投资人造成损害的，应承担民事赔偿责任。

四、个人独资企业的权利和义务

（一）个人独资企业的权利

国家依法保护个人独资企业的财产和其他合法权益。个人独资企业依法享有经营自主权，可以依法申请贷款，依法取得土地使用权，并享有法律、行政法规规定的其他权利。任何单位和个人不得违反法律、行政法规的规定，以任何方式强制个人独资企业提供财力、物力、人力，对于违法强制提供财力、物力、人力的行为，个人独资企业有权拒绝。

（二）个人独资企业的义务

个人独资企业在享有权利的同时必须履行相关义务：①从事经营活动必须遵守法律、行政法规，遵守诚实信用原则，不得损害社会公共利益；②依法履行纳税义务；③依法设置会计账簿，进行会计核算；④依法与职工订立劳动合同，保障职工的劳动安全，按时、足额发放职工工资；⑤按照国家规定参加社会保险，为职工缴纳社会保险费。

五、个人独资企业的解散与清算

（一）个人独资企业的解散

个人独资企业的解散是指个人独资企业因出现某些法律事由而导致其民事主体资格消灭的行为。根据《个人独资企业法》的规定，个人独资企业有相关情形之一时，应当解散：①投资人决定解散；②投资人死亡或者被宣告死亡，无继承人或者继承人决定放弃继承；③被依法吊销营业执照；④法律、行政法规规定的其他情形。

（二）个人独资企业的清算

个人独资企业解散时，应当进行清算。《个人独资企业法》对个人独资企业清算做了以下规定：

1. 通知和公告债权人

个人独资企业解散，由投资人自行清算或者由债权人申请人民法院指定清算人进行清算。投资人自行清算的，应当在清算前十五日内书面通知债权人，无法通知的，应当予以公告。债权人应当在接到通知之日起三十日内，未接到通知的应当在公告之日起六十日内，向投资人申报其债权。

2. 财产清偿顺序

个人独资企业解散的，财产应当按照顺序清偿：①所欠职工工资和社会保险费用；②所欠税款；③其他债务。

3. 清算期间相关禁止性规定

清算期间，个人独资企业不得开展与清算目的无关的经营活动。在按前条规定清偿债务前，投资人不得转移、隐匿财产。

4. 投资人的偿债责任

个人独资企业财产不足以清偿债务的，投资人应当以其个人的其他财产予以清偿。个人独资企业解散后，原投资人对个人独资企业存续期间的债务仍应承担偿还责任，但债权人在五年内未向债务人提出偿债请求的，该责任消灭。

5. 注销登记

个人独资企业清算结束后，投资人或者人民法院指定的清算人应当编制清算报告，并于十五日内到登记机关办理注销登记。

第五章 刑法学原理与经济犯罪

第一节 刑法概论与基本原则

一、刑法概论

(一) 刑法的概念与机能

1. 刑法的概念

关于刑法的概念,主要有三种代表性的观点:一是刑法是规定犯罪与刑罚的法律;二是刑法是规定犯罪、刑事责任与刑罚的法律;三是刑法是规定犯罪及其刑事责任的法律规范的总和。这三种说法涉及刑事责任在刑法中的地位,尤其是刑事责任与刑罚的关系问题。刑事责任是犯罪的法律后果,刑罚是刑事责任实现的最主要方式。基于此,刑法是掌握政权的阶级,为了维护其阶级利益,根据本阶级的意志,以国家名义颁布的,规定犯罪、刑事责任与刑罚的法律规范的总和。

刑法是独立的部门法,我国刑法是中国特色社会主义法律体系的重要组成部分。相对于民事法而言,刑法属于刑事法;相对于程序法而言,刑法属于实体法；相对于宪法而言，刑法属于子法；相对于任意法而言，刑法属于强行法；相对于私法而言，刑法属于公法；相对于继受法而言，刑法属于固有法。

广义刑法是一切刑事法律规范的总称，狭义刑法仅指刑法典，在中国即《刑法》。与广义刑法、狭义刑法相联系的，刑法还可区分为普通刑法和特别刑法。普通刑法指具有普遍适用效力的刑法，实际上即指刑法典。特别刑法指仅适用于特定的人、时、地、事（犯罪）的刑法。在我国，也叫单行刑法和附属刑法。

2. 刑法的机能

刑法的机能是指刑法现实的与可能发挥的作用。刑法理论一般认为刑法具有以下三种机能：

（1）行为规制机能。行为规制机能，也称秩序维持机能，是指刑法具有使对犯罪行为的规范评价得以明确的机能，通常以禁止规范、命令规范的方式来表达。禁止、命令，一般并不直接规定于刑法条文中，而是作为规定具体犯罪与刑罚的刑法分则条文的逻辑前提抽象存在。例如：《刑法》中对故意杀人罪的规定，其中隐含的禁止杀人的逻辑前提；《刑法》中对受贿罪的规定，其中隐含的禁止受贿的逻辑前提；《刑法》中对高空抛物罪的规定，其中隐含的禁止从建筑物或其他高空抛掷物品的逻辑前提；《刑法》中对拒不执行判决、裁定罪的规定，其中隐含的执行判决、裁定命令的逻辑前提；《刑法》中对拒不救援友邻部队罪的规定，其中隐含的救援友邻部队命令的逻辑前提。

（2）法益保护机能。法益保护机能，是指刑法具有使法益不受侵害的机能。法益是指法律所保护的利益。刑法上的法益概念，可以分为实体的刑法法益和形式的刑法法益。实体的刑法法益，基于个人主义的思想，重在刑法法益的内容，例如，诈骗罪、盗窃罪侵犯的刑法法益是财产，此外还有防止诈骗、盗窃行为的利益。形式的刑法法益，基于全体主义的思想，重在刑法法益的方法，例如贪污贿赂罪侵犯的法益除公务人员职务行为的廉洁性之外，还有抑制不法得利意思的利益。刑法法益的概念应该是以实体的内容为主兼顾形式的概念。

刑法通过规定何种行为是犯罪以及配置相应的法定刑，通过司法活动惩罚各种犯罪行为，保护各种法益不受犯罪侵害或威胁。《刑法》实施以来，随着新罪名的不断增加，刑法对法益的保护逐渐走向了精细化，即在对法益的类型进行区分并权衡其位阶的基础上，分别强化不同的刑法保护力度。刑法对法益的保护是区别对待的，这在重罪、轻罪之犯罪圈及法定刑上得以集中体现。对于重罪，刑法不仅处罚预备犯、未遂犯，还出现了预备行为正犯化、帮助行为正犯化的趋势，而且可能只有定性分析而无定量分析。

（3）人权保障机能。人权保障机能，又称自由保障机能，其基本含义是：保障无罪的人不受刑事追究，保障有罪的人只受法律规定的追究，保障公民个人自由不受国家刑罚权不当侵害。刑法既是善良人的大宪章，也是犯罪人的大宪章。人权保障机能是近现代刑法的生命，随着我国尊重与保障人权进入宪法内容，刑法的人权保障机能便有了宪法依据，在司法实践中更加得以强调。

（二）刑法规范与刑法体系

1. 刑法规范

以禁止、处罚犯罪行为为内容的法律规范，就是刑法规范，也称罪刑规范。

法律规范一般分为义务性规范和授权性规范。刑法规范主要是义务性规范，其中又以禁止性义务规范为主，命令性义务规范为辅，并主要以刑罚作为制裁手段。禁止性义务规范以消极义务为内容，即禁止人们为一定的行为，人们只要消极地不实施刑法禁止的行为即可，它一般直接由刑法加以规定，无须其他法律予以特别规定。命令性义务规范以积极义务为内容，即命令人们为一定的行为，是禁止性义务规范的必要补充，它除了由刑法加以规定外，其他部门法往往会具体规定如何履行此义务。刑法规范也有授权性规范，例如正当防卫、紧急避险等刑法规范。刑法授权性规范是刑法义务性规范的补充。

刑法条文表达刑法规范，是刑法规范的载体，因此刑法规范是刑法条文的内容与实质。但二者并不能等同，刑法总则中的许多一般性规定与原则性规定，就不是刑法规范。有时一个条文可能表达几个规范，例如《刑法》第一百一十四条规定了放火罪、决水罪、爆炸罪、投放危险物质罪、以危险方法危害公共安全罪五个罪刑规范；有时几个条文可能只表达一个规范，例如《刑法》第三百八十二条、第三百八十三条共同表达了贪污罪一个规范。刑法条文是直观的，刑法规范则不是直观的。

2. 刑法体系

刑法体系是指刑法的组成与结构，狭义的刑法体系是指刑法典的体系。《刑法》共四百五十二条，分为两编和附则。第一编总则共五章，第二编分则共十章。基本层次是：编—章—节—条—款—项。在刑法修正案中，为应对出现的一些新情况，条文序号采取了第多少条之一、之二等表达方式，例如《刑法》第二百九十三条之一催收非法债务罪、第三百三十六条之一非法植入基因编辑、克隆胚胎罪。

若同一条款表达两个意思，分别称为前段与后段，例如《刑法》第二十九条第一款关于教唆犯的规定，教唆他人犯罪的，应当按照他在共同犯罪中所起的作用处罚。教唆不满十八周岁的人犯罪的，应当从重处罚。

若同一条款表达三个意思，分别称为前段、中段与后段，例如《刑法》第五十三条第一款关于罚金的缴纳规定，罚金在判决指定的期限内一次或者分期缴纳。期满不缴纳的，强制缴纳。对于不能全部缴纳罚金的，人民法院在任何时候发现被执行人有可以执行的财产，应当随时追缴。

有时在一个刑法条文的同一款中，如用"但是"这个连接词来表示转折关系的，则从"但是"开始的这段文字，称为"但书"。但书多是对前段内容的例外、限制、相反或补充规定，主要包括如下情况：

第一，与前段构成例外关系，如《刑法》第八条关于保护管辖权规定中的"但是按照犯罪地的法律不受处罚的除外"。但书前面的内容是外国人在我国领域外对我国国家或者公民犯罪，"而按本法规定的最低刑为三年以上有期徒刑的，可以适用本法"。

第二，与前段构成限制关系，例如《刑法》第七十三条第一款关于缓刑考验期限规定中的"但是不能少于二个月"。但书前面的内容是拘役的缓刑考验期限为原判刑期以上一年以下，而拘役的刑期是一个月以上六个月以下。

第三，与前段构成补充关系，如《刑法》第三十七条关于非刑罚处罚措施规定中的"但是可以根据案件的不同情况，予以训诫或者责令具结悔过、赔礼道歉、赔偿损失，或者由主管部门予以行政处罚或者行政处分。"但书前面的内容是"对于犯罪情节轻微不需要判处刑罚的，可以免予刑事处罚"。

第四，与前段构成相反关系。如《刑法》第十三条关于犯罪概念规定中的"但是情节显著轻微危害不大的，不认为是犯罪"。但书前面的内容是"一切……危害社会的行为，依照法律应当受刑罚处罚的，都是犯罪"。

二、刑法的基本原则

刑法的基本原则具有指导刑事立法和刑事司法的重要作用，《刑法》明确规定了刑法的基本原则，即罪刑法定原则、适用刑法人人平等原则与罪责刑相适应原则。

刑法基本原则，是指刑法本身所具有的，贯穿于全部刑法规范，必须得到普遍遵循的具有全局性、根本性的准则，并体现刑事法治基本精神。

（一）罪刑法定原则

罪刑法定原则是当今世界各国刑法中最普遍、最重要的一项原则，体现了现代社会民主与法治的发展趋势。

1. 罪刑法定原则的基本要求

（1）罪刑法定化，即犯罪和刑罚必须由法律事先加以明文规定，不允许法官独自擅断。

（2）罪刑实定化，即对构成犯罪的行为和犯罪的具体法律后果，刑法应作出实体性的规定。

（3）罪刑明确化，即刑法的条文必须文字意思清楚，表达确切。

2. 罪刑法定原则的派生原则

（1）禁止类推。类推，是指将法律没有规定为犯罪的行为比照刑法分则最相类似的条文定罪量刑的制度。刑法作为成文法，理所当然具有抽象性和相对于社会发展的滞后性，因此不能够针对每一个行为作出具体的规定，从而出现了对于法律没有规定的行为，援引与其性质相类似的刑法条文适用于该行为的法律类推适用。这是对于刑法秩序维持机能的维护，通过对法律条文含义的类推，能够最大限度地遏制和制裁没有被规定为犯罪但是足以对社会造成危害的行为。在维护社会秩序优先于保障个人权利的时期，类推是被允许的。然而，刑法通过严厉的刑罚手段来限制个人的权利从而调整社会关系，具有国家强制性和惩罚性，类推制度虽然最大限度地惩治了危害社会的行为，但是也不可避免地损害了刑法对法律行为所具有的可预测性和可评价性的功能。因此，在权利意识苏醒，尤其在国家尊重和保障人权入宪的年代，类推制度便不再具有合法性。罪刑法定原则禁止类推适用法律，即不得类推适用不利于被告人的刑法规定，但是允许类推适用有利于被告人的刑法规定，此即严格的罪刑法定。

（2）禁止事后法。事后法是行为实施后，在适用法上出现的新的法律。禁止事后法也称禁止溯及既往，是指行为人是否有罪以及如何处罚只能依据行为时的法律，而不能依据行为后颁布实施的法律对其之前的行为进行评价。但对被告人有利的法律具有溯及既往的效力，此即事前的罪刑法定。罪刑法定原则禁止适用不利于行为人的事后法，但不禁止适用有利于行为人的事后法。

（3）排斥习惯法。习惯法是独立于国家制定法之外，依据某种社会权威和社会组织确立的、具有一定强制性的行为规范的总和。成文法出现以前，主要靠习惯法发挥作用。在现代法律体系中，定罪量刑以制定法为依据，刑法是立法机关制定的成文法，习惯法不是刑法的渊源。此即成文的罪刑法定，习惯作为刑法的渊源违反罪刑法定原则。

（4）禁止不定刑、不定期刑。罪刑法定原则要求严格依照法律定罪处刑，立法者不能规定、司法者不能适用绝对不定刑和绝对不定期刑，刑罚法规要适当。此即确定的罪刑法定原则。

绝对的不定刑是就刑种而言的，即法律完全不规定应处何种刑罚，完全由法官自由裁量。依据绝对不定刑，犯罪人不管犯何种罪，都没有相应的刑罚，所以它与罪刑法定原则相悖。

绝对的不定期刑是就刑期而言的，即法律仅规定应处何种刑罚而不规定刑期的幅度，裁判时只作罪名宣告，不指明所需服刑的刑期，而完全由行刑机关根据罪犯表现决定释放时间。依据绝对不定期刑，犯罪人即使犯有重罪，也可能在短期内获释。刑期的长短根据犯罪分子改造的效果来确定，而改造效果的标准很难确定，因此它也与罪刑法定原则相悖。

（5）明确性原则。刑法关于犯罪、刑罚及其相互关系的规定应当清楚明确，不能模糊不清。刑法明确性原则是由罪刑法定原则派生出来的，要求刑法从形式和实质上都必须清楚、确切，面向立法并指导司法的原则，包括形式明确和实质明确两个方面。判断明确性应从一般人、立法者、司法者三个角度来确立综合性标准，刑法明确性永远是相对的，必须通过立法与司法共同实现。刑法分则的部分条文对犯罪的状况不作具体描述，只是表述该罪的罪名，这种立法体例并不违反罪刑法定原则。

（6）适正性原则。刑法法规内容的适正性包括以下两个方面：

第一，禁止处罚不当罚的行为，不该入罪的不能入罪，不该定罪的不能定罪。

第二，禁止不均衡的、残虐的刑罚，罪与罪之间的刑罚配置要均衡，被告人只能接受该当的刑罚。

以上禁止类推、禁止事后法、排斥习惯法、禁止不定刑与不定期刑是罪刑法定派生原则的形式侧面，明确性原则、适正性原则是派生原则的实质侧面。

3. 罪刑法定原则的司法适用

（1）严格认定犯罪。根据犯罪概念、犯罪构成要件、犯罪追诉时效等认定犯罪，不能将无罪定为有罪，严格区分此罪与彼罪。

（2）准确执行刑罚。根据量刑原则、量刑制度准确裁量刑罚种类、幅度；依据生效裁判文书执行刑罚，在行刑过程中准确适用减刑、假释制度。我国通过立法修正、司法解释等不断完善刑罚执行机制。例如规范原具有国家工作人员身份的罪犯的减刑、假释程序，明确缓刑犯在考验期满后 5 年内再犯应当判处有期徒刑以上刑罚之罪的不应认定为累犯，完善社区矫正法实施办法等。

（3）正确进行解释。刑事立法解释对于弥补刑法规范中的漏洞，使刑法规范适应复杂多变的犯罪活动，维护刑法规范的稳定性，具有重要作用。

在《刑法》颁行以后，我国立法机关开始注重通过立法解释进一步明确相关条文的立法意蕴，尤其是对司法机关存在异议的问题，通过立法解释加以明确。

刑事司法解释主要解决刑法适用过程中对刑法条文的理解问题，司法解释不能代替立法解释。2008 年以来，最高人民检察院会同公安部先后发布过三个刑事案件立案追诉标准规定与两个补充规定。按照规定要求，各级公安机关应当依照上述规定立案侦查，各级检察机关应当依照上述规定审查批捕、审查起诉。上述规定编排的是"公通"字文号，但不是严格意义上的司法解释，属于司法解释性质文件。实践中，追诉标准与最高人民法院司法解释冲突的，应当以司法解释为准。

除司法解释外，最高人民法院、最高人民检察院时常单独、联合或者会同其他部委发布具有政策把握或办案指导性质的文件，主要包括各类"纪要""通知""意见"等。这些文件一般称为司法性文件，在性质上不是司法解释，但对办案工作有指导作用。实践中，最高人民法院相关刑事审判庭、研究室，最高人民检察院公诉厅、法律政策研究室针对法律适用问题作出的个案答复，也具有较强的办案指导价值。

（二）适用刑法人人平等原则

法律面前人人平等原则是我国宪法确立的社会主义法治的基本原则，刑法作为惩罚犯罪、保护人民的基本法律进一步贯彻了这一宪法原则。

《中华人民共和国宪法》（以下简称《宪法》）规定，中华人民共和国公民在法律面前一律平等。根据宪法规定的平等原则，我国《刑法》规定，对任何人犯罪，在适用法律上一律平等。不允许任何人有超越法律的特权。这就是适用刑法人人平等原则。

1. 适用刑法人人平等原则的基本要求

（1）定罪平等。任何人犯罪，不论其身份地位，一律平等对待，适用相同的定罪标准。

（2）量刑平等。犯相同的罪且具有相同的犯罪情节的，应同罪同罚。即若罪行相同、主观恶性相同，则刑罚处置应相同。

（3）行刑平等。执行刑罚时，对于所有的受刑人平等对待。我国的减刑、假释制度不是对行刑平等的否定，因为减刑、假释是对犯罪分子在刑罚执行期间良好表现的一种奖励和支持，体现了我国刑罚在体现惩罚功能的同时也发挥其教育功能。

2. 适用刑法人人平等原则的司法适用

在刑事司法实践中贯彻适用刑法人人平等原则，应当注重解决以下三个问题：

（1）刑事司法公正。刑事司法公正包括定罪公正、量刑公正和行刑公正。刑事司法公正是适用刑法人人平等原则的必然要求，是刑事法治基本精神的体现。

（2）反对特权。在我国，受封建等级观念影响滋生的特权思想存在于一部分人特别是少数领导干部的头脑中。因此，坚持适用刑法人人平等原则，就必须反对形形色色的特权思想，切实做到司法公正。

（3）正确区分适用刑法人人平等原则与区别对待。刑法上的平等是相对的，不否定区别对待。根据特殊身份，区别对待同样是一种公正和实质平等。从法律角度来说，不同主体不同对待恰恰是实质公平和实质平等的体现。适用刑法人人平等原则是法律面前人人平等的宪法原则在刑法领域贯彻实施的表现。适用刑法人人平等原则并不否定犯罪人或被害人的特定个人情况对定罪量刑的合理影响。在刑事立法、司法领域，犯罪分子的主体情况以及被害人的个人情况，如果对犯罪的客观社会危害后果的大小有影响，则要求在适用刑法上有所区别和体现，这是刑罚个别化问题。例如：

第一，对未成年人犯罪应当从轻处罚，对累犯从重处罚，被害人有过错的对被告人可以酌情从轻处罚等。

第二，审判时已满七十五周岁的人，不适用死刑，但以特别残忍手段致人死亡的除外。这也是一种区别对待。由此可见，适用刑法人人平等原则并非是孤立、机械、单一化的刑法原则，它必须与罪责刑相适应等刑法基本原则相结合，共同指导刑法适用。

（三）罪责刑相适应原则

罪责刑相适应原则是刑罚个别化和传统的罪刑相适应结合的产物，具有科学性和时代性。

《刑法》规定，刑罚的轻重，应当与犯罪分子所犯罪行和承担的刑事责任相适应。可见，刑罚的轻重不是单纯地与犯罪分子所犯罪行相适应，而且也要与犯罪分子承担的刑事责任相适应，即在犯罪与刑罚之间需要通过刑事责任这个中介来进行调节。刑法总则确立的科学严密的刑罚体系、区别对待的处罚原则、轻重不同的量刑制度都是罪责刑相适应原则的体现。

公平正义是人类社会的共同理想，罪责刑相适应原则与公平正义相吻合，公平正义与罪责刑相适应原则都要求在法律实施中坚持以事实为根据、以法律为准绳，公平正义的实现需要正确处理法理与情理的关系，罪责刑相适应原则要求做到罪刑均衡与刑罚个别化，二者并不矛盾。

1. 罪责刑相适应原则的基本要求

罪责刑相适应原则要求刑事立法制定合理的刑罚体系，要求刑罚与犯罪性质、犯罪情节和罪犯的刑事责任、人身危险性相适应，在行刑中合理地运用减刑、假释等制度。

（1）制定合理的刑罚体系。罪责刑相适应原则要求刑罚的设定首先必须轻重有序、适当。我国传统的刑罚体系由主刑和附加刑组成。主刑分为管制、拘役、有期徒刑、无期徒刑和死刑，附加刑分为罚金、剥夺政治权利和没收财产，此外针对外国人适用的附加刑还有驱逐出境。

第一，主刑与附加刑要设置合理，二者之间要合理衔接，主刑与附加刑内部也要合理衔接。

第二，刑法分则各个法条之间对犯罪配刑要协调平衡，不能罪重的配刑比罪轻的还轻，也不能罪轻的配刑比罪重的还重。

（2）刑罚与犯罪性质、情节相适应。罪责刑相适应原则要求刑罚与罪质相适应。不同的罪质标志着各该行为侵害、威胁的法益不同。这种不同正是表明各种犯罪具有不同的危害程度，从而决定刑事责任大小的根本所在。同时，该原则要求刑罚与犯罪情节相适应，在罪质相同的犯罪中，犯罪情节不同，其社会危害性就不同，量刑当然必须注意刑罚与犯罪情节相适应。

（3）刑罚与罪犯责任、危险性相适应。刑罚的轻重还要与犯罪人刑事责任能力的程度和刑事责任的大小相适应，与犯罪人的人身危险性相适应。完全刑事责任能力人与限制刑事责任能力人在量刑上是应该有差别的。人身危险性体现着行为人对社会的潜在危险程度，现代刑罚追求遏制犯罪、预防犯罪的目标，把人身危险性作为决定刑罚轻重的标准之一，符合刑罚目的的要求。因此，司法实践中刑罚裁量，不仅要考虑犯罪行为及其危害结果，而且应结合分析整个犯罪事实和犯罪分子个体的各方面因素，力求刑罚个别化。

（4）合理地运用减刑、假释制度。减刑、假释是刑罚执行过程中的制度，对符合条件的罪犯依法予以减刑、假释，同样是罪责刑相适应原则的要求。

2. 罪责刑相适应原则的司法适用

在司法适用中，贯彻罪责刑相适应原则，应坚持以下四点：

(1) 纠正重罪刑轻的错误倾向。定罪是指根据刑法规定，对某一行为是否构成犯罪、构成何种犯罪以及构成的是轻罪还是重罪的确认与评判。定罪的主体是人民法院，对象是侵害法益的行为，性质是刑事司法活动。定罪是人民法院刑事审判的重要职能之一。人民法院通过自己的职能活动，查明犯罪事实，根据刑法规定确认行为的犯罪性。量刑是指人民法院根据刑事法律，在认定犯罪的基础上，确定对犯罪人是否判处刑罚，判处何种刑罚以及判处多重的刑罚，并决定所判刑罚是否立即执行的刑事司法活动。量刑的主体是人民法院，对象是犯罪人，性质是刑事司法活动。

在以往的司法实践中，关于定罪与量刑，司法机关更重视定罪，认为只要定罪准确了，就不存在错案，因此量刑是否适当就相对被忽视了。其实，量刑应该具有与定罪同等重要的地位，因为所判处的刑罚如果不与犯罪分子所犯罪行和承担的刑事责任相适应，则会出现量刑不当，从而违背罪责刑相适应原则，所以要树立"罚不当罪，量刑畸轻畸重"同样是错案的观念。

(2) 纠正重刑主义的错误思想。重刑主义又称重典主义，是指以严刑酷罚、轻罪重刑和原心论罪等为主要特征的刑罚思想。重刑主义是古代社会刑罚思想的一大特色，世界各国概莫能外。在中国古代社会，重刑主义历史久远，并且对近现代社会产生了深刻的影响。在尊重与保障人权的今天，重刑主义已逐渐失去市场，但应警惕其抬头。因此，应从尊重与保障人权的宪法原则出发，遵守罪责刑相适应原则，强化量刑公正的司法观念，避免重刑主义思想抬头。

(3) 纠正法院对同类案件处罚不同现象。近年来，最高人民法院、最高人民检察院指导性案例的政策导向作用日渐凸显，这对解决类案异判、实现类案类判具有促进作用，刑事指导性案例对推动量刑均衡有指导作用。我国指导性案例由最高人民法院、最高人民检察院分别发布，已在司法实践中应用。

(4) 合理衔接刑罚与非刑罚处罚措施的适用。在现行刑法中，除设置了刑罚体系外，还设置了非刑罚体系。这就是《刑法》第三十七条针对犯罪情节轻微不需要判处刑罚的，可以免予刑事处罚而设置的非刑罚处罚措施：训诫、具结悔过、赔礼道歉、赔偿损失、行政处罚、行政处分。从理论上说，刑罚措施与非刑罚处罚措施都是针对已经成立的犯罪而言的，不过刑罚措施适用于不是犯罪情节轻微而需要判处刑罚的犯罪行为，非刑罚处罚措施适用于"犯罪情节轻微不需要判处刑罚的，可以免予刑事处罚"的行为。因此，要正确理解和适用非刑罚处罚措施，做好刑罚措施与非刑罚处罚措施的衔接。

第二节 刑法的适用范围

刑法是一国通过立法机构制定和认可的、运用刑罚惩罚和改造犯罪人的法律规范总和。它的制定者和适用者都是国家。国家作为主权者，同时拥有对内最高权和对外权，它需要确定刑法适用于什么人、什么事、在怎样的地域范围和时间范围内适用，这既是一个国内法的问题，也是一个国际法的问题，还是一个时间范围的问题。

所谓刑法的适用范围，是指一国（或地区）刑法的适用效力范围，是一国刑法在怎样的地域范围、时间范围、针对哪些人、什么事具有适用效力，其核心问题是刑事管辖权。它可分为空间效力范围、时间效力范围、人的适用范围和行为的适用范围。由于上述四种分类彼此之间相互独立，又相互包含，共同界定了刑法的适用范围。由于罪刑法定的贯彻，刑罚只能适用于刑法规定的犯罪，实际上已确定了刑法的对事范围，所以，理论上通常只分为空间效力范围和时间效力范围，其中空间效力范围包含了对人的适用范围，时间效力范围包含了行为的适用范围。

一、刑法的空间效力范围

刑法的空间效力范围，是指一国（或地区）的刑法针对哪些地域、哪些人适用或有效。"刑法空间效力的法律性质，主要是指刑法空间效力的规定在刑法中所处的地位和在刑法理论上所具有的特征。"①

（一）刑法空间效力的原则

刑法的空间效力解决的是国家刑事管辖权的范围问题。由于各国社会政治情况和历史传统习惯的差异，在解决刑事管辖权范围问题上所主张的原则不尽相同。

第一，属地原则。属地原则即单纯以地域为标准，凡是发生在本国领域内的犯罪，无论是本国人还是外国人，都适用本国刑法；反之，在本国领域外犯罪，都不适用本国刑法。

第二，属人原则。属人原则即单纯以人的国籍为标准，凡是本国人犯罪，无论是发生在本国领域内还是在本国领域外，都适用本国刑法。

第三，保护原则。保护原则即以保护本国利益为出发点，凡侵害本国国家或者本国公民利益的犯罪，无论犯罪人是本国人还是外国人，也无论犯罪地在本国领域内还是在本国领域外，都适用本国刑法。

第四，普遍原则。普遍原则即从保护国际社会共同利益出发，凡发生侵害由国际公约、条约保护的国际社会共同利益的犯罪，无论犯罪人

---

① 杨彩霞. 论刑法空间效力的法律性质——兼论效力冲突之协调［J］. 武汉大学学报（哲学社会科学版），2010，63（03）：434.

是本国人还是外国人，也无论犯罪地在本国领域内还是在本国领域外，都适用本国刑法。

从历史传统上看，采用英美法系的国家大多采取属地原则，采用大陆法系的国家大多采取属人原则。但及至近代，世界上大多数国家的刑法以属地原则为主，兼采其他原则。我国刑法关于空间效力的规定采用的是以属地原则为主、兼采其他原则的刑事管辖体制。

（二）刑法空间效力的管辖

1. 属地管辖

《刑法》规定，凡在中华人民共和国领域内犯罪的，除法律有特别规定的以外，都适用本法。这是我国刑法关于刑法空间效力的基本原则，它包括以下两方面内容：

（1）中华人民共和国领域内。所谓中华人民共和国领域内是指中华人民共和国国境以内的全部空间区域，具体包括以下三方面：

第一，领陆，即国境线以内的陆地及其地下层。

第二，领水，即国家领陆以内和与陆地邻接的一定宽度的水域，包括内水、领海及其地下层：内水包括内河、内湖、内海以及同外国之间界水的一部分，通常以河流中心线或主航道中心线为界；领海即与海岸或内水相邻接的一定范围的水域，包括海床和底土。

第三，领空，即领陆、领水的上空。此外，根据国际条约和惯例，以下两部分属于我国领土的延伸，适用我国刑法：

我国的船舶、飞机或其他航空器。《刑法》规定，凡在中华人民共和国船舶或者航空器内犯罪的，也适用本法。这里所说的船舶、航空器，既可以是民用的，也可以是军用的；既可以是处于停泊状态的，也可以是在航行途中的；既可以是航行或停泊于我国领域内的，也可以是航行或停泊于我国领域外或公海及公海上空的。

我国驻外使领馆。根据我国承认的1961年的《维也纳外交关系公约》的规定，各国驻外大使馆、领事馆及其外交人员不受驻在国的司法管辖而受本国的司法管辖。这些地方亦视同为我国领域，在其内发生的任何犯罪都适用我国刑法。

另外，《刑法》规定，犯罪的行为或者结果有一项发生在中华人民共和国领域内的，就认为是在中华人民共和国领域内犯罪。这里包括三种情况：①犯罪行为与犯罪结果均发生在我国境内，这是通常的情况；②犯罪行为在我国境内实施，但犯罪结果发生于国外；③犯罪行为在国外实施，但犯罪结果发生在我国境内。根据刑法的规定，上述三种情况均适用我国刑法。

(2) 法律有特别规定。《刑法》在确立属地管辖基本原则的同时，还特别规定了例外情况。这些例外情况主要是指以下方面：

第一，享有外交特权和豁免权的外国人的刑事责任，通过外交途径解决。根据国际公约，在国家间互惠的基础上，为保证驻在本国的外交代表机构及其工作人员享有外交特权和豁免权，1961年，联合国主持签订了《维也纳外交关系公约》。我国于1986年9月5日通过了《中华人民共和国外交特权与豁免条例》，详细规定了外交特权与豁免权的具体内容。但这里需要注意以下两点：

外交代表和非中国公民的与外交代表共同生活的配偶及未成年子女所享有的豁免权，可以由派遣国政府明确表示放弃。在这种情况下，可以适用我国刑法。

享有外交特权和豁免权的有关人员承担着尊重我国法律、法规的义务，不得侵犯我国国家主权，违反我国法律。一旦发生违法犯罪现象，我们自然不能听之任之，而应通过外交途径加以解决，诸如要求派遣国召回、宣布其为不受欢迎的人、限期离境等。

第二，民族自治地方不能全部适用本法规定的，可以由自治区或者省的人民代表大会根据当地民族的政治、经济、文化的特点和本法规定的基本原则，制定变通或者补充的规定，报请全国人民代表大会常务委员会批准施行。这是为了照顾少数民族的风俗习惯和文化传统，切实保证民族自治权的行使，巩固多民族国家的团结、稳定与发展所列的例外规定。但在实施这一例外规定时，应注意以下方面：

少数民族地区对刑法效力的限制不同于外交特权和豁免权，它不是完全排斥刑法的适用，而是仅仅不适用其中的一部分，即与少数民族特殊的风俗习惯、文化传统相关的部分。

免于适用刑法的部分必须有明确的法律依据，即由自治区或省的国家权力机关制定变通或补充规定，并报请全国人民代表大会常务委员会批准。

变通或者补充规定不能与刑法的基本原则相冲突。

2. 属人管辖

《刑法》规定，中华人民共和国公民在中华人民共和国领域外犯本法规定之罪的，适用本法，但是按本法规定的最高刑为三年以下有期徒刑的，可以不予追究。中华人民共和国国家工作人员和军人在中华人民共和国领域外犯本法规定之罪的，适用本法。

根据上述规定，我国公民在我国领域外犯罪的，原则上都适用我国刑法。只是按照我国刑法的规定，该中国公民所犯之罪的法定最高刑为三年以下有期徒刑的，才可以不予追究。所谓"可以不予追究"，不是绝对不追究，而是保留追究的可能性。此外，如果我国国家工作人员或者军人在我国领域外犯罪的，不论其所犯之罪按照我国刑法的规定法定最高刑是否为三年以下有期徒刑，我国刑法一律追究其刑事责任。

《刑法》规定，凡在中华人民共和国领域外犯罪，依照本法应当负刑事责任的，虽然经过外国审判，仍然可以依照本法追究，但是在外国已经受过刑罚处罚的，可以免除或者减轻处罚。这条规定充分体现了原则性与灵活性的统一。

3. 保护管辖

《刑法》规定，外国人在中华人民共和国领域外对中华人民共和国国家或者公民犯罪，而按本法规定的最低刑为三年以上有期徒刑的，可以适用本法，但是按照犯罪地的法律不受处罚的除外。这一规定明确了对于外国人在我国领域外对我国国家或者公民犯罪，我国在行使刑事管辖权上有一定的限制，具体包括：①这种犯罪按我国刑法规定最低刑必须为三年以上有期徒刑；②按照犯罪地的法律也应受刑罚处罚；作出这样的规定，对于保护我国国家利益，保护我国驻外工作人员、考察访问人员、留学生、侨民的利益，是完全必要的。

4. 普遍管辖

《刑法》规定，对于中华人民共和国缔结或者参加的国际条约所规定的罪行，中华人民共和国在所承担条约义务的范围内行使刑事管辖权的，适用本法。这条规定对国际犯罪确立了普遍管辖权原则。

适用普遍管辖权，应当注意掌握我国缔结或者参加的国际条约的有关内容，确定我国所承担的义务。只要我国缔结或者加入某一规定有国际犯罪及其惩处的公约，我国便承担了对犯有条约规定罪行的罪犯行使刑事管辖权的义务。当然，在司法实践中，普遍管辖权的行使会受到一定的限制。只有当犯有国际条约规定的罪行的罪犯在我国境内，我国刑法才能适用。

二、刑法的时间效力范围

刑法的时间效力范围，是指一国（或地区）的刑法什么时间开始生效、什么时间失效，以及对该刑法生效之前的行为是否具有溯及力。

（一）刑法的生效时间

刑法的生效时间一般有两种规定方式：①从公布之日起生效，这种方式通常为单行刑法施行所采用；②公布之后经过一段时间再施行，这种方式通常为《刑法》实施所采用。

（二）刑法的失效时间

刑法的失效时间通常有两种规定方式：①由国家立法机关明确宣布某些法律失效；②自然失效。即新法施行后代替了同类内容的旧法，或由于原来的特殊立法条件已经消失，旧法自行废止。

（三）刑法的溯及力

"刑法的溯及力属于刑法的时间效力"[1]，是指刑法生效后，对其生效以前未经审判或者判决尚未确定的行为是否适用的问题。如果适用，就是有溯及力，如果不适用，就是没有溯及力；世界各国刑事立法关于溯及力大致包括：从旧原则、从新原则、从新兼从轻原则、从旧兼从轻原则。

从旧原则是指一个新的刑事法律制定生效后，对以前发生的未经审判或判决未确定的犯罪行为，不论新旧法刑罚的轻重，一律适用行为时的旧法，新法没有溯及既往的效力。

从新原则是指新的刑事法律制定生效后，对以前发生的未经审判或判决未确定的犯罪行为，具有溯及效力，一律适用新法。

从新兼从轻原则是指对新刑事法律生效后的未经审判或判决未确定的犯罪行为，原则上适用判决时的新法，但旧法处罚较轻时则适用旧法。该原则认为新法具有普遍追溯力，但旧法规定较轻时例外。

从旧兼从轻原则是指对新刑事法律生效后的未经审判或判决未确定的犯罪行为，原则上适用行为时的旧法，但新法处罚较轻时则适用新法。意即除了对非犯罪化、从宽惩罚或其他有利于行为人的规定之外，刑法不得有溯及既往的效力。它是刑法罪刑法定原则中从旧原则的发展。

---

[1] 李莹莹. 中国刑法溯及力现状研究［J］. 法制与社会，2021（01）：178.

第三节 经济犯罪的种类与公司治理

一、经济犯罪的种类

经济犯罪主要分为以下四大类型：

（一）破坏社会主义市场经济秩序罪

破坏社会主义市场经济秩序罪中，主要的经济犯罪包括：①生产、销售伪劣商品罪；②走私罪；③妨害对公司、企业的管理秩序罪；④破坏金融管理秩序罪；⑤金融诈骗罪；⑥危害税收征管罪；⑦侵犯知识产权罪；⑧扰乱市场秩序罪。

（二）侵犯财产罪

侵犯财产罪中，主要的经济犯罪包括：①职务侵占罪；②诈骗罪；③侵占罪；④挪用资金罪；⑤挪用特定款物罪；⑥故意毁坏财物罪；⑦破坏生产经营罪。

（三）贪污贿赂罪

贪污贿赂罪中，主要的经济犯罪包括：①贪污罪；②挪用公款罪；③受贿罪；④单位受贿罪；⑤行贿罪；⑥对单位行贿罪；⑦介绍贿赂罪；⑧单位行贿罪；⑨巨额财产来源不明罪；⑩隐瞒境外存款罪；⑪私分国有资产罪；⑫私分罚没财物罪。

（四）其他贪利性犯罪

1. 危害国家安全罪

危害国家安全罪中，主要的经济犯罪是：为境外窃取、刺探、收买、非法提供国家秘密、情报罪。

2. 危害公共安全罪

危害公共安全罪中，主要的经济犯罪包括：①非法制造、买卖、运输、邮寄、储存枪支、弹药、爆炸物罪；②违规制造、销售枪支罪；③非法出租、出借枪支罪；④非法买卖、运输核材料罪。

3. 侵犯公民人身权利、民主权利罪

侵犯公民人身权利、民主权利罪中，主要的经济犯罪包括：①拐卖妇女、儿童罪；②收买被拐卖妇女、儿童罪；③强迫职工劳动罪；④非法雇用未成年人罪；⑤打击报复会计、统计人员罪。

二、公司经营中高发的经济犯罪类型

(一) 合同诈骗

合同诈骗是指以非法占有为目的，在签订、履行合同过程中，通过虚构事实、隐瞒真相、设定陷阱等手段骗取对方财产的行为。合同诈骗罪是指以非法占有为目的，在签订、履行合同过程中，虚构事实或者隐瞒真相，骗取对方当事人财物数额较大的行为。根据《刑法》规定，犯合同诈骗罪数额较大的，处三年以下有期徒刑或者拘役，并处或者单处罚金；数额巨大或者有其他严重情节的，处三年以上十年以下有期徒刑，并处罚金；数额特别巨大或者有其他特别严重情节的，处十年以上有期徒刑或者无期徒刑，并处罚金或者没收财产。

(二) 侵犯知识产权

侵犯知识产权罪是指违反知识产权保护法规，未经知识产权所有人许可，非法利用其知识产权，侵犯国家对知识产权的管理秩序和知识产权所有人的合法权益，违法所得数额较大或者情节严重的行为。

侵犯知识产权罪包括：假冒注册商标罪、销售假冒注册商标的商品罪、非法制造或者销售非法制造注册商标标识罪；侵犯著作权罪、销售侵权复制品罪；假冒专利罪；侵犯商业秘密罪。知识产权是人类创造性

劳动的智力成果，包括专利权、商标权、著作权等。

（三）制售伪劣商品

制售伪劣商品的犯罪主要规定在《刑法》第三章破坏社会主义市场经济秩序罪中，其中包括：生产、销售伪劣产品罪；生产、销售伪劣商品罪；生产、销售假药罪；生产、销售劣药罪；生产、销售不符合安全标准的食品罪；生产、销售有毒、有害食品罪；生产、销售不符合标准的医用器材罪；生产、销售不符合安全标准的产品罪；生产、销售伪劣农药、兽药、化肥、种子罪；生产、销售不符合卫生标准的化妆品罪。

（四）信用卡犯罪

信用卡犯罪，是指伪造或者利用信用卡实施犯罪，侵犯信用卡管理秩序以及公私财产所有权的犯罪行为。

根据《刑法》规定，有下列情形之一，就认为是进行信用卡诈骗活动：①使用伪造的信用卡，或者使用以虚假的身份证明骗领的信用卡的；②使用作废的信用卡的；③冒用他人信用卡的；④恶意透支的。恶意透支，是指持卡人以非法占有为目的，超过规定限额或者规定期限透支，并且经发卡银行催收后仍不归还的行为。

三、公司治理中防范经济犯罪的措施

（一）加强内部控制机制

在当今日益复杂的商业环境中，经济犯罪已成为影响企业健康稳定发展的重大隐患。为了有效防范经济犯罪，建立健全的内部控制机制显得尤为关键。内部控制机制作为企业管理的重要组成部分，旨在通过一系列制度和措施，确保企业经济活动的合法性和合规性，保障企业资产的安全和完整。

第一，企业应完善财务管理制度。财务管理是企业内部控制的核心，涉及资金的筹集、使用、分配和监管等各个环节。企业应建立严格的财

务审批制度，规范财务操作流程，确保资金使用的合理性和有效性。同时，加强内部审计工作，对财务数据进行定期核查，确保财务报表的真实性和准确性。

第二，加强人力资源管理也是内部控制机制的重要一环。企业应建立健全的人力资源管理制度，明确员工的职责和权限，规范员工的行为。对于关键岗位和敏感岗位的员工，应进行严格的背景调查和资格审查，确保员工具备相应的职业素养和道德水平。此外，加强员工培训和教育工作，提高员工的法律意识和风险防范意识，也是防范经济犯罪的重要手段。

（二）增强法律意识

企业管理层和员工具备一定的法律意识是防范经济犯罪的重要保障。通过定期的法律培训和教育，可以提高整个企业的法律素养和风险防范能力。

第一，企业管理层应树立法治观念，将法律作为企业经营管理的重要准则。在制定企业发展战略、决策重大事项时，应充分考虑法律因素，确保企业的经济活动合法合规。同时，管理层应带头遵守法律法规，树立良好的榜样。

第二，企业应加强对员工的法律培训和教育。通过组织法律讲座、案例分析等形式，让员工了解经济犯罪的基本特征和防范措施，提高员工的法律意识和风险防范意识。同时，建立奖惩机制，对遵守法律法规、防范经济犯罪表现突出的员工给予表彰和奖励，对违反法律法规、参与经济犯罪的员工进行严肃处理。

（三）建立合作机制

企业应积极与执法机关、审计机构等建立合作机制，共同打击经济犯罪。通过与这些机构的合作，企业可以及时了解法律法规的最新动态，获取专业的法律支持和帮助。同时，企业可以借助执法机关和审计机构的力量，加强对企业内部的监管和约束，及时发现和处理经济犯罪问题。

此外，企业还可以与行业协会、商会等组织建立合作机制，共同推动行业自律和诚信建设。通过加强行业内部的合作和交流，共同打击行业内的经济犯罪行为，维护行业的健康发展。

（四）加强信息共享和沟通

在信息化时代，加强信息共享和沟通是防范经济犯罪的重要手段。企业应建立与政府部门、社会组织、行业协会等的信息共享和沟通机制，及时了解企业经营状况和市场动态，共同应对潜在的风险和威胁。

第一，企业应加强与政府部门的沟通与合作。通过向政府部门报告企业的经营情况和风险状况，获取政府部门的支持和帮助。同时，关注政府部门的政策动态和监管要求，及时调整企业的经营策略和管理措施。

第二，企业应加强与社会组织和行业协会的沟通与合作。通过参加行业协会组织的活动、参与社会组织的公益活动等方式，加强与这些组织的联系和合作。通过共享信息和经验交流，共同应对行业内的经济犯罪风险和挑战。

（五）完善公司治理结构

建立健全的公司治理结构是防范经济犯罪的重要基础。企业应明确股东大会、董事会、监事会和经理层的职责和权限，形成有效的权力制衡和监督机制。

第一，股东大会作为企业最高权力机构，应充分行使职权，对企业的重大事项进行决策和监督。通过选举产生董事会和监事会成员，确保企业的决策和监督机制的有效性。

第二，董事会作为企业的决策机构，应充分发挥作用，制定企业的发展战略和经营计划。同时，加强对经理层的监督和管理，确保经理层按照董事会的决策和授权开展工作。

第三，监事会作为企业的监督机构，应独立行使职权，对企业的经营活动进行监督和检查。通过定期审计、风险评估等手段,及时发现和纠正企业运营中的问题和风险。

第四,经理层作为企业的执行机构,应严格执行董事会的决策和授权,确保企业的日常运营和管理工作的顺利进行。同时,加强自我约束和自我管理,防止权力失控和腐败问题的发生。

(六)强化监督与制衡,消除管理漏洞

为了加强对企业经营部门的监管,企业应加强对经营部门的监督和制衡。对于掌握重要经济资源的管理人员,应建立严格的监管机制,防止权力滥用和腐败问题的发生。

第一,企业应建立内部审计制度,对经营部门的经济活动进行定期审计和检查。通过内部审计,可以及时发现和纠正经营部门的问题和风险,防止问题扩大和恶化。

第二,企业应加强对经营部门的绩效考核和评估。通过设定合理的绩效指标和评估标准,对经营部门的工作成果进行客观评价,激励经营部门提高工作效率和质量。同时,对于未能达到绩效目标的经营部门,应进行深入分析和改进,防止类似问题再次发生。

第三,企业还应建立风险评估机制,对经营部门可能面临的风险进行定期评估。通过评估,企业可以了解经营部门的风险状况,制定相应的风险应对策略和措施,确保企业运营的稳定性和安全性。

(七)提高透明度以增强企业公信力

提高企业运营的透明度是防范经济犯罪的重要手段之一。通过加强信息披露和公开,可以让股东、投资者和公众了解企业的运营状况和财务状况,增强企业的信誉度和公信力。

第一,企业应定期发布财务报告和经营报告。财务报告应真实、准确地反映企业的财务状况和经营成果,为股东和投资者提供决策依据。经营报告应详细披露企业的经营情况和市场状况,为公众了解企业提供参考。

第二，企业应建立信息披露制度，规范信息披露的内容和方式。通过明确信息披露的范围、频率和渠道等要求，确保信息披露的及时性和准确性。同时，加强对信息披露的监督和管理，防止虚假信息和误导性信息的发布。

第三，企业应加强与社会公众的沟通和互动。通过召开新闻发布会、接受媒体采访等方式，及时向公众传递企业的信息和动态。同时，关注公众的反馈和意见，及时回应和处理公众的关切和疑问，增强企业与公众之间的信任和互动。

总之，加强内部控制机制、增强法律意识、建立合作机制、加强信息共享和沟通、完善公司治理结构以及强化监督与制衡等方面的工作是防范经济犯罪的重要举措。同时，提高企业运营的透明度也是增强企业公信力和防范经济犯罪的重要手段之一。企业应积极应对经济犯罪风险，不断完善治理结构和管理机制，确保企业健康稳定发展。

第六章 大学生创新创业法律环境探析

第一节 法律制度对创业创新机制的作用

中国经济已进入新的发展阶段。在经济转型中，经济增长放缓不可避免。通过供给侧结构性改革，鼓励创业和创新，增强经济增长的内生动力，是中国经济增长政策的重点。在提出"大众创业、万众创新"后，国务院及各部委出台了一系列优惠政策，也采取了打破垄断、促进融资和减免税收等举措。除了通过行政手段和财政手段鼓励创业创新外，法律制度的改革和完善对于促进创业创新也有着重要作用。

企业家是具有"破坏性创新"能力的人群，他们打破既有市场的平衡，发明新产品、新的生产方式、新的商业模式或者开拓新的市场。而法律则被认为是设定规则、规定市场主体行为范围和权利义务的制度，尤其是其限制性的规定对市场主体的行为会产生重要的影响。例如，劳动法限制了企业随时因其经营状况而解聘员工的能力，金融法限制了企业的融资或资产出售的程序和方式，行政法的审批制度导致企业不得不花费大量的精力和金钱来完成法律合规才能合法的经营——法律和创业创新之间似乎有所冲突：法律制订规则，而创业创新的行为需要通过打破社会上现有的规则实现。这种冲突并非不可调和,法律制度在对行业进行限制的同时也提供了空间和方向,或者提供了保障。改革和创新与法律制度有冲突也有融合的一面。通过梳理法律制度和创业创新历史上的关系,法律制度至少在以下三个方面事实上起到了促进和保障创业创新的作用:

一、重新分配资源

创业创新需要借助物质资源才能够开展,法律作为配置资源的手段之一,不仅是市场配置和政府配置资源的基础,更是调整和防止市场配置及政府配置偏差的工具。市场交易的客体不仅是物理实体,也包括由法律所创设的权利。因此法律对资源的重新分配对创业创新行为的展开至关重要。法律制度能够重新分配市场资源,调整市场和政府行为造成的垄断和分配不均,从而创造新的市场或者扩大创业创新者可以参与的市场范围。从创业创新的角度看,当限制市场竞争的法律法规被中止或废除、市场资源被重新划分之后,竞争就会产生,而市场力量就会促进该行业内创业创新的发展。

法律制度不仅能够通过重新划分资源的方式创造竞争和市场,而且能够进一步保护这种竞争的持续存在,并确保其发挥积极作用。在一个没有任何制度保障、完全是由市场自由配置资源的社会中,资源会重新由少数占据规模优势的大型企业所掌控,并再度形成垄断局面。因此,依靠法律制度的力量持续保障市场中权利和资源的配置是必要的。

在某些行业中,即便不存在垄断,或垄断被打破,市场力量也不必然能够产生和发挥其作用。例如能源、交通运输行业等早期需要巨额投入进行基础设施建设的行业,那些最早在该市场立足的企业,或拥有更多资源的实力雄厚的大企业,更容易获得回报,它们可以轻松地将创业企业挤出市场从而排除竞争、获得垄断地位。相关领域的创业企业在参与到市场经营时,也需要投入大量资本以建设相关的基础设施,而在市场放开前就进入该行业的垄断企业已经完成了这些基础建设,不仅其已经利用曾经的准垄断地位收回了一部分成本,更由于其具有已经建立的经营网络和所拥有的巨大资源,可以通过发起价格战等方式轻松地将同行业的创业企业挤出市场。又比如在电信业,新创立的企业必须接入或依托于已有企业的网络才能够生存,如果没有法律制度保障这些新设立的电信企业有接入原有企业网络的权利,而仅仅是废除该领域的某些限制市场准入的法规,完全由市场主导接下来的资源配置,那么原有的电信企业可以轻松地消灭电信业的创业企业,即便是理论上开放的市场中的竞争也会逐渐消失。

法律制度在分配市场资源的时候起到两方面的作用:一方面,法律制度通过"去规制"的方式打破垄断,纠正市场和行政分配的偏差;另一方面,法律制度再通过"重新规制"的方式,继续发挥其分配资源的效用,保证和维护该领域的良性竞争。

因此,一方面要利用法律制度作为分配市场资源的工具,使其能够取代旧有的制度,纠正市场和政府分配的偏差,使相关领域向创业创新的企业开放;另一方面,还需要利用法律制度构建起一种维持竞争的环境或框架,使市场资源能够持续地在参与者之间公平分配。甚至当那些新进入的创业创新企业获得该行业内举足轻重的地位后,市场资源依然能够公平地在不同参与者之间分配。具备上述功能的法律制度必然具有详尽严谨、精巧完备、融会贯通的特征。从法律规则的体量上看,一个越是自由的市场,越是需要更多的、设计完善的法律规则和条款来保障相关制度,而不应该只是通过减少和删除旧有的限制性或禁止性的法规来起到开放市场的作用。

法律制度应当在起到吸引竞争力量参与到市场中的作用的同时,避免引发可能破坏自由竞争的不正当行为。法律制度重新分配资源时,应创造创业创新企业参加市场竞争的空间，并鼓励其加入相关市场，但也不应给予其超出平衡市场所必要的优惠，因为过度的偏向会再一次破坏市场平衡，损害市场的公平性，促生逆向竞争，导致该行业内创业创新行为的不可持续。

二、保护创业创新成果

市场的作用是分配稀缺资源，而这种稀缺资源的分配必须通过法律对所有权的归属来形成一种调配机制。创业创新所需要的强大动力不会自发形成，它有赖于法律制度来凝聚。创业创新行为的最终目的是取得社会效益和经济效益，其中经济效益是许多创业创新主体的主要动机。法律制度不仅需要能够起到重新配置资源的机制作用，并且需要能够有效地保护创业创新主体对其成果所享有的所有权。同时法律制度必须通过其强制力保障财产所有权只有在双方自愿的情况下才得以流转。创业创新主体在从事创业创新活动时，不仅需要付出巨大的人力、物力与财力，而且需要承担失败的风险。如果法律制度无法有效保障他们的所有权以及知识产权等其他财产性权利，那么创业创新主体的正当利益就可能受到损害，并抑制他们创业创新的积极性。当今创业创新型企业多以轻资产、高科技型企业为主，保护创新创业企业正当的知识产权显得尤为重要。

知识产权制度在19世纪伴随着工业化而产生，将财产的范围从有形财产扩展到了无形资产。它所保护的客体为"智力成果"，具体体现为发明创造、作品、商业秘密等。通过专利法的保护，知识和智力成果可以被转化成准物权，使知识的创造者能够获得对该创新的一段时期的专属权。知识产权制度产生的原因完全是实用主义的，即希望知识产权能够给创新者足够强烈的创新动机，创造出新的产品或生产方法。因此，专利权只保护那些能够直接帮助创造新产品或新的生产工艺的知识，而不保护基础的科学发现。创业创新具有高风险、高收益的特征,如果没有足够的激励,企业会更多地偏好模仿而不是创新;法律必须保护研发成果,并赋予创新者一定的垄断权,使其可以依靠所享有的垄断权利来获得经济效益,以补偿企业创新中的巨额研发投入。

知识产权对创新企业的作用是十分显著的。在美国,投资机构对于计算机软件公司、芯片制造企业、生物科技公司和制药企业股票估值的主要依据是该企业所享有的著作权和专利权,而那些科技含量比较低的传统消费品行业,它们的价值则主要体现在受到商标法保护的品牌上。如果没有知识产权制度的保护,而仅依靠创新者自己薄弱的力量来保护自己,创业创新企业利益遭受侵害将不可避免。可以说,如果法律制度没有起到赋予和保护创新者相应权利的作用,那么创业创新行为将会是极度罕见的。

三、规范和引导履约行为

商业发达的社会往往也是讲信用的社会,而信任是除物质资本和人力资本之外决定一个国家经济增长和社会进步的主要社会资本。信任在很大程度上影响企业的规模和分布,以及企业的效益和利润。如果一国市场内的主体缺乏契约精神,该国的经济发展就会受到影响。法律制度可以强制市场主体遵守各自的义务,从而提升社会的诚信度,进而促进创业创新。

当市场主体间进行交易时,他们必须要确保对方能够遵守两者之间的约定。市场主体可以通过多种方式确立这种信任:一种方式是他们可以建立"人格信任",即通过不断与某一个熟悉的交易对手交易,或者是与具有某一良好市场声誉的主体进行交易。但现代社会是一种"复杂社会",人际交往的陌生人化、互动过程的去情境化(如网上交易)等因素导致在当代社会中,社会成员之间难以建立人格信任,而必须依靠"系统信任"。法律制度就是构建这种系统信任的元素之一。

  法律是由国家制定或认可、以国家强制力保障实施、具体规定人们权利与义务的行为准则。法律的存在使交易各方无须首先建立人格信任之后再决定是否交易，而只需要倚仗于法律可以强制交易对方履行协议或承担违约责任的权威即可。法律制度作为一种明确的、可预测性的规定，企业和个人可以通过法律得知什么是禁为和应为的行为，从而将自己的行为纳入社会允许的轨道。法律制度还规定了权利和义务，具有利导性，能够进一步通过其激励机制引导人们的行为，并通过强制功能规范人们的行为。因此，基于法律制度所建立的系统信任，企业家可以强制违约方履约并赔偿损失，从而减少投机行为，并促进市场主体守约，减少市场参与者的违约风险，使陌生的市场主体之间进行交易成为可能，最终扩大了市场主体选择交易对象的范围，使得贸易可以顺利开展。

  另外，法律制度还规定了仲裁、诉讼等解决纠纷的方式，人们可以依照法律规定和平地解决纠纷，权利被侵害的一方可以获得国家强制力保障，避免暴力纠纷所造成的人力、物力、财力损失，进一步降低了交易成本。正是这种由法律制度所构建起来的系统信任，使得任何商业活动均有了发展的基础。

  这种系统信任的存在显然对于所有的市场主体都是必要的，但其对创业创新型企业而言则更重要。在一个低信任度的社会里，人们不得不求助于政府的力量来组织社会资源，因此，社会中可能存在数量众多的大企业和小企业，但是中等规模的企业会较少。而中小企业在增加就业及促进经济增长、科技创新与社会和谐稳定等方面具有不可替代的作用。创业创新型企业在初创时期多为小型企业，那么如果能提高社会的信任水平，则对其向中等规模的企业发展有所裨益。中小企业基本为私营企业，在信任度高的地区，每百万人口中拥有的私营企业数量明显较多，而且私营企业户数、从业人员数量、投资者数量、私营企业户数增长等都和信任有一定的相关性,即在信任度高的社会中,创业创新型企业的数量也可能会更多。因此,提高社会诚信是促进创业创新的重要手段。

另外,相较于具有一定规模的大企业而言,交易对手的不履行会对小规模的创业创新企业造成更大的风险。大企业可以通过分散交易的方式来避免不履行的风险,而那些只有很少数量客户或供应商的创业创新型企业则更依赖于其交易对手,一次违约行为就可能导致小企业不得不关门停业。比起已经通过长期经验确定了一部分可以信任的交易对手、更有谈判实力的大企业,创业创新企业更难以甄别可靠的交易对手或通过自身的实力与违约方抗衡,因此,它们更依赖于法律制度的保护。

社会信任程度除了直接对创业创新企业本身的分布和规模造成影响,同时也能够在总体上促进社会的经济增长与社会效率,促进国际贸易与投资、风险资本投资、金融市场的发展以及公司的融资与并购,并能够提升企业的信息透明度和市场反应。上述领域的发展能够直接影响一国市场的繁荣程度。因此,法律制度在规范和引导市场主体的行为、形成系统信任、促进履约从而推动创业创新型企业的成功和发展方面,有着重要的作用。

第二节 大学生创业过程的法律风险与防范

一、大学生创业过程的法律风险

(一)组织设立与产品研发中的法律风险

1. 创业组织模式存在的法律风险

选择何种创业组织设立形式对于创业者来说是他面临的第一个重要抉择,不同形式企业的创业者所承担的风险和责任是不同的。具体来说,个体工商户、个人独资企业等，手续申请相对容易，形式简单灵活，风险低。但是创业者要以自己的全部财产对外承担无限连带责任。与有限公司相比较，个人合伙和合伙企业运营方式更加灵活，人员配置有更大的操作空间。而公司的法定性较强，规章制度更加严格，在科学合理、纪律严明的同时，也会带来组织僵化、灵活性差的缺点。

"不同的企业具有不同的组织模式，对应的具体法律权责也是不一样的，因为大学生对于这些法律知识掌握不到位，导致他们在创业的过程中，可能出现权责不明确的现象，严重影响他们开展相关的经营工作。"[1]

(1) 组织形式选择的法律风险。大学生创业，首先应当根据投资、行业要求、合作伙伴等情况成立创业组织并进行工商登记，这就需要进行创业组织形式的选择。一般而言，大学生创业可以选择的组织形式包括个体工商户、个人合伙企业、个人独资企业、合伙企业、有限责任公司等。不同组织形式存在的法律风险各有不同。

第一，创业者承担债务的法律责任不同。大学生在选择创业组织形式时，如果选择个体工商户、个人独资企业等，则应当做好用个人全部财产承担无限责任的风险预测，尽量控制负债；如果选择个人合伙企业、普通合伙企业等，则应当选择志同道合的合伙人，并通过较为完备的合伙协议、规章制度等控制和规避法律风险；如果选择有限合伙企业、有限责任公司等，则对债务承担有限责任，可以大幅降低法律风险。

第二，经营管理的法律风险不同。个体工商户、个人独资企业形式灵活，便于控制，运营效率相对较高；个人合伙企业、合伙企业基于合伙基础，较公司而言相对容易控制，运营效率相对较高；公司虽容易发

---

[1] 胡珺，叶秀甫. 大学生创新创业法律保障制度建设研究 [J]. 产业与科技论坛，2020，19 (16): 35.

展壮大，但其对制度设定、科学管理的要求较高，受法律约束较多，管控难度较大，经营成本较高。同时，我们必须看到个人合伙企业、合伙企业、有限责任公司等组织形式存在着人合性质，合伙人之间、股东之间容易产生经营理念和利益分配等冲突，处理不慎就会陷入危机。因此，在具有人合性质的创业组织形式中，选择志同道合的合作伙伴尤为重要。

（2）设立过程中的法律风险。在确立创业组织形式的前提下，基于设立流程、行业要求、从业资质等因素，创业组织的设立过程中仍然存在法律风险。

第一，对设立流程、行业要求、从业资质等的不了解。一些大学生创业盲目性较大，既不对创业行业进行认真调研，也不清楚创业过程中的相关法律规定，在创业组织设立之初即埋下法律风险。比如：不了解创业组织设立的基本流程和注意事项；不清楚创业组织的注册资金、验资要求、经营场所等设立条件；不知道一些特定行业（如餐饮、烟酒、教育培训等）所需要的经营资质，必须取得卫生、消防、教育等行政机构的审批。

第二，对合伙协议、公司章程等关键组织文件的漠视。合伙协议，是共同管理和发展合伙企业的基础。完备的合伙协议明确了合伙人之间的权利义务，能够有效解决纷争，规范合伙企业的经营管理。部分创业大学生未能充分认识合伙协议的重要性，随意照搬一份上交工商登记机关了事，给今后企业的发展埋下隐患。公司章程，是规定公司组织及活动的基本规则的书面文件，是股东共同意思表示的体现。创业大学生在制定公司章程时，必须全盘考虑，明确规章制度和权利义务，为公司设立及规范运行提供基础保障。部分创业大学生对公司章程的法律地位没有正确认识，以完成工商登记为目的草率制定公司章程，给公司的经营管理埋下隐患。

(3) 创业组织终止的法律风险。

第一，未妥善处理存续期间的纠纷带来的法律风险。在创业组织难以存续时，有些创业者未能处理好债务、劳动纠纷等事宜，选择一走了之，从而导致纠纷加剧，并可能面临后续的诉讼风险。

第二，创业组织已终止而未及时办理工商注销登记导致创业组织被不法分子冒用带来的法律风险。

第三，创业组织本身存在的法律风险，如前所述，在个体工商户、个人独资企业和合伙等形式中投资者承担的是无限责任，不会因创业组织消灭而免除投资者的责任。

(4) 创业组织股权比例的法律风险。现在，更多的大学生会选择合伙创业，那么股权分配问题将会成为大学生创业成功路上至关重要的环节。各股东的出资情况并非为股权分配的唯一依据，分配股权时要注意，股东对资源的贡献、对公司治理的把控，以及对未来融资空间的影响都是分配股权的重要因素。根据《公司法》规定，表决权与股权比例挂钩。大学生创业者在与他人合伙创业时，创业公司往往会有多个创始人，在公司发展过程中也会不断融资，大学生创业者作为核心创始人，其控股比例在低于一定程度时，将会失去对公司的控制权。但是《公司法》的"但书"规定公司章程另有规定的除外。大学生创业者如若不能充分利用《公司法》的自治空间，建立合理的股权分配方案，制定有益于公司长期发展的公司章程，将会给日后公司发展和自己的创业之路埋下很大隐患。

第一，公司股权比例结构有以下三种类型：

绝对控股型。67%的股权能保证绝对控股，有利于保障公司重大决策的效率。有67%以上的股份，相当于拥有公司100%的股份的权利，可以对公司重大决策享有决定权。重大决策即关于公司的合并、分立、重组、增支扩股、解散、破产、清算等一系列重大事件。《公司法》规定，对于以上事件，必须经出席会议的股东所持表决的三分之二以上通过。

相对控股型。公司股东会的决议事项，除了前面所述的特别决议事项外，还涉及公司的经营方针和投资计划、公司董事监事的人事的选票和确定等一般决议事项，根据资本多数决的原则，一般来说由持有51%的表决权的股东表决通过。因此，51%意味着在这一个层面上的决定权完全交给大股东，大股东掌控相对控制权。

平均分配型。在公司股东所享有的权利中，表决权为最根本的权利。根据表决权决议的对象来看，可以分为特别决议事项和一般决议事项。公司合并、分立、解散或变更公司形式、修改公司章程等特别决议事项，需经出席会议的股东所持表决权的三分之二以上通过，此时拥有三分之一以上表决权就显得十分重要，因为如果享有34%股权的股东行使否决权，则这些特别决议事项就会被否决。因此，三分之一是一个极其重要的表决权比例，34%与33%，相差的不仅仅是1%，背后是特别决议事项否决权的分水岭和边界，即决定某个股东对于特别决议事项是否享有否决权。

第二，三种股权结构类型的法律风险。除了股权比例不合理带来的股权结构不稳定的风险，在实际中，存在着多种形式的股权，如显名股东和隐名股东、控股股东和非控股股东、直接持股和间接持股等，不同形式的股权在分配上会产生种种利益冲突，对股权的管理也带来一定的挑战，无疑加剧了公司运作的风险。因此，在股权激励方案设计之时，就应该考虑到这些问题，科学地设计相应的股权结构，使企业获得长足稳定的发展。

绝对控股型和相对控制型公司的法律风险。一股独大的情况下，董事会、监事会和股东会形同虚设，"内部人控制"问题严重，企业无法摆脱"一言堂"和家长式管理模式。但公司在进入到规模化、多元化经营以后，缺乏制衡机制，决策失误的可能性增加，企业承担的风险会随着公司实力的增强而同步增大。另外，一股独大，一旦大股东出现状况，就会直接导致企业无法正常经营决策。等到一切明朗的时候，企业已经被推到了破产的边缘。股权过分集中，不仅对公司小股东的利益保护不利，对公司的长期发展不利，而且对大股东本身也存在不利。一方面，由于绝对控股，企业行为很容易与大股东个人行为混同，一些情况下，股东将承担更多的由企业行为产生的不利后果；另一方面，大股东因特殊情况暂时无法处理公司事务时，将产生小股东争夺控制权的不利局面，给公司造成的损害无法估量。

平均分配型公司的法律风险。比如说设立私募基金管理公司，平分股份，从当时的人情来看似乎是最好的，但是从股权分配来看却是最差的。三个人股份对等，权力对等，就等于谁都没有最终的决策权，谁说了都算，也就代表着谁说了都不算。冗长的决策过程除了可能导致企业错失商业良机外，可能最终将引发控制权的争夺。

2. 知识产权存在的法律风险

随着知识经济时代的到来，知识产权的保护更加重要。由于大学生创业一般都是涉及知识、科技含量较高的行业，因此，对知识产权的保护关系着公司的发展命运。在大学生创业的初期阶段，技术挑战无疑是他们必须直面的一大难题。由于技术门槛的存在和迫切寻求突破的需求，部分大学生在探索过程中可能会不慎涉足他人的专利保护区域，从而在未获得相应专利授权的情况下进行使用，这无疑增加了法律风险，可能导致一系列复杂的法律纠纷，甚至对创业项目的长远发展产生不利影响。

大学生在创业过程中，对于自身知识产权的保护意识亦显不足。他们往往忽视了对自身商标、专利及著作权的及时保护，未能采取有效措施来确保创意成果的安全。这种疏忽不仅可能导致他们的创新成果为他人所用，造成经济损失，更可能使他们在激烈的市场竞争中失去先机，阻碍创业项目的正常推进。在实践中，由于知识产权保护不力而导致创业失败的案例屡见不鲜，这充分说明了知识产权保护对于大学生创业的重要性。

目前我国已经建立了比较完备的知识产权法律保护体系，主要包括《中华人民共和国商标法》《中华人民共和国著作权法》《中华人民共和国专利法》等法律法规。大学生创业之初可以利用专利先行公开的特点，在法律允许的范围内使用他人的知识产权，在不侵犯他人专利权的前提下，合理利用现有专利给自己的创业提供技术开发的思路和可行性支持。当然对于自身的注册商标、专利、著作权也要有强烈的保护意识，以防发生商标被抢注，专利权、著作权被侵犯等现象。

企业在知识产权权益实施或运营过程中面临着较大法律风险，直接影响到知识产权价值的发挥或商业利益的大小，主要涉及以下两个方面的问题：

（1）知识产权商业利用策略缺失或不健全的法律风险。在实践中，多数高新技术企业在权益实施手段、市场价值、知识产权价值维护等方面缺少整体策略的指导和监督，这与企业知识产权保护意识淡薄有直接的关系，其明显的弊端就是在市场竞争中处于被动状态。商业利用策略应兼顾企业整体的经营战略和科学的市场评估预测，在稳定的同时，也能够及时调整，并指导企业决策者及知识产权管理部门制订具体的实施计划。因此，建立合适的知识产权商业利用策略成为获取知识产权商业利益的重要前提，这就对企业在相应的合同管理、合同风险预测和控制等方面提出了更为严格的要求。

（2）知识产权交易管理混乱的法律风险。知识产权交易行为主要包括技术成果实施、转让，商标权许可、转让，著作财产权许可等。目前，多数高新技术企业在知识产权交易管理上存在着管理混乱问题。无有效的合同管理手段是最为突出的问题，此外，无权益实施整体策略，选择权益实施对象或方式草率、不严格等问题也应引起足够的重视。对高新技术企业而言，所涉及的业务合同多是有关知识产权这类特殊标的。

目前，许多企业在此类合同条款的制定、审核、管理和监督等方面缺少有效监控手段，也不能区分客户差别，不能灵活或恰当处理履行争议，不能从合同管理中发现突出问题。对于知识产权交易合同，如果未建立知识产权内部审批制度，企业就无法通过有效的知识产权交易合同管理手段来预防和控制知识产权交易法律风险。

以专利实施许可合同为例，许多企业在签约前并未对合作对象、实施效果作整体的知识产权风险评价，在合同履行中也不能定期抽查监督、及时发现问题，整个业务过程中，并未有企业内部知识产权专家的参与，这是比较典型的突出问题。专业合同管理人员配备不足和合同管理制度的缺失或不健全，是造成合同管理混乱、不科学的主要原因，如果合同管理不科学，将可能导致合同管理的混乱或陷入被动的状态，更可能带来商业利益损失的风险。因此，企业必须重视知识产权交易合同管理工作，这也是提高企业知识产权管理能力的重要手段。企业应对知识产权权益实施中的法律风险有所防控，如果能够进行动态管理，并采取有针对性的预防措施，这将有助于此过程中法律风险的控制。

（二）经营销售中的法律风险

1. 营销模式法律风险

随着市场经济的蓬勃发展，企业间的竞争态势日趋激烈，这种竞争格局不仅推动了市场活力，也引发了企业运营中风险问题的凸显。其中，营销法律风险作为企业风险体系中的重要组成部分，贯穿于企业经营管理的多个层面，其潜在影响不容小觑。这种法律风险如同企业内部的"隐性障碍"，若不加以妥善应对，将对企业的持续健康发展构成严重威胁。

针对当前的市场环境，企业在开展营销活动时，常常因对法律法规的解读不准确、执行不严格，或是对市场动态的把握不够精准，导致法律风险的发生。这些风险不仅涉及合同违约、知识产权侵权等传统领域，还涵盖了数据保护、不正当竞争等新型风险点。这些风险的多样性和复杂性，使得企业在防范和应对时面临着诸多挑战。

(1) 企业营销法律风险。企业作为市场主体，是以营利为目的的，但是在营利的同时也承担着相应的风险。企业营销是企业运营管理的主要内容和最终手段，随着现代化社会的不断进步，企业营销管理已经成为解决竞争的主要手段。所以企业在营销管理的同时，也要重视企业营销法律风险问题，避免因为营销法律风险问题而失败。

企业市场营销风险，是指作为市场主体的企业在进行营销活动中，在企业内部原因和外部原因共同作用下的过程中受到损失的可能性。

企业法律风险，也可以称为法律性风险，是指企业的预期效果与将来实际结果发生的差异而最终导致企业必须承担相应的法律责任，并且由此给企业造成损失的可能性。

著名的"4P"营销理论：Product，Price，Place，Promotion，即产品、价格、渠道、促销。市场营销管理成为一个公司综合经营管理的一个重要部分，并且存在于企业的整个经营管理全过程。

因此，企业在营销过程中主要处理好以下法律风险：

第一，产品风险。产品风险是指因为企业的产品不能满足社会的需求而产生的风险。一个企业的产品在市场中是否被大众所认可和接受，这完全取决于产品的质量以及产品所给予的服务，大众对于企业产品的认可度在某种程度上也决定着该企业的生存状况。所以，如果企业想要打开产品市场、发挥企业营销策略且在市场中长久发展，企业首先要保证的就是它的产品，产品既要有质有量，符合国家关于相关产品的安全规定，又要满足人们对产品的追求。

第二，价格风险。价格风险是市场营销第一大风险，价格的波动直接影响着企业的利润。在市场中价格较为灵活，所以它的波动趋势较大且变化迅速。随着市场经济的发展、营销市场的繁杂，企业对价格的管理越来越难，所以价格风险也日益明显且加重。企业在应对价格风险时，首先就是要根据自身特点制定相应的价格战略，可以通过压低成本来缓解价格风险。当然，企业还需要综合市场环境、资源状况、国家政策、法律法规等因素，从整体上思考如何避免价格风险。

第三，渠道风险。渠道风险指的是由于企业所确定的销售渠道无法承担起相应的责任、无法达到既定的任务要求而产生的不良影响。企业在营销管理中要重视渠道管理，既要提高渠道的效率，充分利用渠道作用完成企业营销工作，还要解决好销售渠道中的各种冲突问题，协调好各渠道之间的关系。企业要充分考虑企业内部、消费者、经销商、市场环境、政策法律等相关因素，发挥营销渠道的良好作用，完成企业营销总目标。

第四，销售风险。销售风险是指因为企业产品的销售数量没有达到预期目标而损害收益的风险。销售风险产生的主要原因有消费者的需求、市场环境或者产业结构改变等外部因素和企业自身出现问题的内部因素。企业要解决销售风险，既要不断提升自己的市场地位，占领市场份额，还要努力开拓新市场，开发新产品，转移销售风险。

2. 企业运营法律风险

在创业实体运营过程中，创业者会与不同的市场主体打交道，甚至要与每一个政府部门打交道，创业者要规范实体内部的组织管理，及时年检、依法纳税、保护环境、安全管理、保护劳动者权益等，任一环节出现疏漏，创业组织就有可能陷入被动局面；严重的情况下，创业组织有可能被吊销营业执照，创业者甚至会身陷囹圄。此外，应收账款处理不当，形成坏账，有可能导致债务危机，形成法律风险。实体做大了以后，创业者如何在与职业经理人之间的博弈中胜出的故事，也已经在我国商界中上演，这不能不说也是创业者的法律风险之一。

在市场经济的大环境下，企业的运营离不开经济合同的参与。然而，经济合同为企业的经营与管理提供强有力的桥梁和纽带的同时，也给企业带来大量的纠纷与困扰。订立合同是任何商业主体运营过程中都不可避免的环节，因此，合同法律风险是大学生创业的法律风险中最常见的风险。除了有关业务本身的风险外，还有来自合同当事人一方违约导致的风险以及合同内容约定不明或合同内容违反法律法规导致纠纷和损失的风险等。大学生创业者初出校园，对于各项事务考虑还不够周全，往往在与其他商业主体进行经济活动时，急于求成、疏忽大意，对合同文本不加以仔细检查研究就签名盖章，导致日后纠纷。

综合而言，企业经营管理中主要有以下法律风险：

（1）合同风险。合同是企业经营行为中最基本的法律文本，因合同引发的法律风险是企业最为常见的合同纠纷，合同风险是企业法律风险中最常见的主要内容。合同风险涉及企业生产经营的方方面面，从企业的成立到企业的解散，从企业的对外经营到内部管理，可以说合同风险渗透到企业每个环节，并与企业的其他法律风险相互交叉。企业最主要的合同风险当然是在对外经营过程中与其他市场主体签订的合同产生的纠纷，包括因合同主体存在问题而产生的纠纷，合同条款不完善而导致的纠纷，合同履行过程中产生的纠纷等。

（2）企业设立及解散时的法律风险。企业在设立过程中的不规范行为，往往会为企业健康运行埋下隐患，并导致企业成立后内部纠纷频频，而有的在企业成立过程中就产生了纠纷乃至企业无法成立。如发起人出资不足或者抽逃注册资本金、发起人违反出资义务、出资权利瑕疵等引发的纠纷以及设置虚拟股东、隐名出资人引发的纠纷。在企业解散过程中，企业清算、债务承担等问题也会引发大量纠纷。刑法上涉及的罪名有虚报注册资本罪、虚假出资罪、抽逃出资罪等。

（3）企业内部权益纠纷的法律风险。企业成立后各类内部纠纷一直是企业治理要面对的核心问题，而新公司法颁布后又出现了大量的新类型纠纷，使企业内部纠纷成为近两年法律的一大热点。如股东与股东、股东与董事会等发生的股权确认、股权转让、股东权益的诉讼，股东请求确认公司设立无效或撤销的诉讼，以及企业对股东或经营管理人员提起的诉讼等。

（4）企业改制、兼并及投融资的法律风险。企业改制案件最多的一类是指具体企业改制过程中参与改制双方当事人就改制行为本身发生的纠纷，如企业公司制改造中发生的纠纷、企业股份合作制改造中发生的纠纷、企业分立中发生的纠纷、债权转股权纠纷、国有小型企业出售合同纠纷、企业兼并合同纠纷、其他改制方式中发生的纠纷。还有一类就是与企业改制相关的民事纠纷，即纠纷的发生与改制的结果密切相关，通俗讲就是一般民商事案件中的一方当事人发生了改制行为，涉及企业改制前的债权或者债务究竟由谁来主张或者由谁来承担的问题。此外，企业在对外投资、融资过程中也会产生大量的纠纷，这也成为企业法律风险的重要组成部分。

（5）企业知识产权的法律风险。在人类步入知识经济时代的今天，知识已成为最重要的生产要素，企业拥有知识产权的数量已成为核心竞争力的重要标志。国外企业注重知识产权保护，不仅注重在本土维权，还在全球范围内重拳出击以维护知识产权，如驰名商标打假等。这些保护知识产权的举措在给我国不少企业带来冲击的同时，也给我国企业上了法律风险防控的第一课。我国企业知识产权意识淡薄，企业自主创新能力差，知识产权保护措施不健全，普遍存在重发明轻专利、重运用轻保护的情况，仿冒专利和傍名牌的现象还时有所见。知识产权风险主要包括企业自有知识产权的申请、保护机制不健全带来的风险，企业侵犯别人知识产权产生纠纷、企业知识产权被侵权、企业雇员不当行为导致知识产权风险等。

(6) 企业侵权纠纷的法律风险。企业在对外经营过程中，可能会导致侵权行为的发生，比较普遍的如企业的产品致人损伤而产生的侵权，企业提供的服务对他人或者其他主体造成的侵权。有些企业更会产生特定的具有行业特点的侵权行为，如化工和电网等高度危险行业、运输行业、商业服务行业、医疗行业等容易发生环境污染、人身损害纠纷。

(7) 涉外案件的法律风险。随着经济全球化，国外公司纷纷涌进中国市场，与中国企业在经营战略、市场占领以及技术革新方面既有合作，也有摩擦乃至冲突。很多跨国企业法律机制相对完善，解决纠纷的策略更趋成熟，所以一旦发生纠纷，我国企业往往应对无措。近些年中外企业间诸如投资纠纷以及专利、商标转让等纠纷呈白热化趋势，有些纠纷已经远远超出了经济和法律范围，甚至引起了国家高层领导的关注。外贸企业还常常遭到反倾销的打击。另外，国内企业在走出国门开拓海外市场，参与国际竞争与合作的过程中，对国外法律及政策的不熟悉，对市场化诉讼策略的不了解，往往轻者造成水土不服，企业无法站稳脚跟的后果，重者使企业的合法经济利益受到严重损害，甚至危及整个企业的生存。

(8) 人力资源纠纷的法律风险。在企业人力资源管理过程中，从招聘开始，面试、录用、试用、签订劳动合同、保证员工的待遇直至员工离职都有相关的劳动法律法规的约束，企业的任何不遵守法律的行为都有可能给企业带来劳动纠纷，都有可能给企业造成不良影响。人力资源纠纷已经成为制约企业有效管理的瓶颈，是和谐企业建设的难点，在企业改制中最为突出。比较常见的有变更、终止劳动合同，开除、辞退职工，单方解除劳动合同，工伤、保险、职业病、工资和劳务派遣等劳动争议。

(9) 经营管理人员违法犯罪的法律风险。在企业运营环境中，经营管理人员违法犯罪的风险日益凸显，成为阻碍企业健康成长的重大隐患。

这一风险的高发领域涵盖了商业贿赂、证券及银行高管违规等多个方面，不仅受到国家层面的重点治理，也引发了公众的广泛关注。其中，诸如侵吞国有资产、工程重大安全事故以及重大责任事故等违法犯罪行为，因其普遍性和危害性，更是令人深感忧虑。这些犯罪行为的连锁效应不容忽视，它们往往容易形成复杂的窝案、串案，进一步加剧了企业的内部腐败，甚至可能导致企业整体陷入困境，对企业的长远发展构成严重威胁。

（10）税收征管方面的法律风险。由于企业内部管理制度的不完善和外部监管的疏漏，一些企业存在违反国家财务财税制度的行为，通过数据操纵或内部账目的不透明性来规避税收。在国际贸易中，虚报少报商品种类和数量，以及逃避关税等行为也时有发生。此外，虚开增值税发票等违法行为在日常经营活动中屡见不鲜，这些行为不仅损害了国家的税收利益，也为企业自身带来了严重的法律风险。

除以上所述之外，上市公司内幕交易罪、泄露内幕信息犯罪、非法集资犯罪、走私犯罪等也是近年出现较多的现象。因此，加强法律风险防控已成为当前企业管理中最重要的一项工作。企业要善于识别风险、规避风险、控制和化解风险。

加强风险防控管理，是现代企业管理体系中不可或缺的重要组成部分，而法律风险防控在加强企业风险管理中又具有重要的地位。随着国内和国际市场环境和法律环境的变化，法律风险也会发生变化。同时，由于企业法律风险涉及企业各个方面，而且互有交叉，组成很复杂，预防与控制也就因事而异。直接的法律风险，往往可以通过增强法律意识与企业法务管理力度而得以加大；间接的法律风险，则必须通过聘请专业律师担任常年法律顾问而加以预防。法律风险防控涉及企业经营管理、战略发展的各个方面。法律风险一旦发生，企业自身难以掌控，往往会带来相当严重的后果，有时甚至是颠覆性的灾难。所以说，建立健全法律风险防控机制，是加强企业风险管理最基本的要求。

二、大学生创业过程的风险防范

（一）从创业者角度采取防范措施

大学生从事创新创业活动，普遍认为创业的最大障碍是资本和技术，而法律只是创业实践中的辅助性活动，并不直接产生经济效益。因此在创业初期资金有限的情况下，创业者一般都会将精力投入到产品研发和市场开拓领域，对于企业法律风险的预防缺乏有效认知，更不会请专业的法律人士提供顾问服务。

对于创业的大学生，特别是理工科背景的学生来说，受教育体制和专业壁垒的限制，他们对创业相关的法律知识知之甚少，更不懂得如何利用法律知识构建合理的企业风险预防体系。欠缺创业法律教育，社会经验较少，加之处于青年时期，心理尚未完全成熟，自我控制和理性决策能力有待提高，这一切使得大学生创新创业的法律风险问题更为突出。譬如：在创业合作人选择上，创业者更多考虑志趣相投和人情关系，往往忽视创业组织形式，以及公司章程、合伙人协议等法律性文件；在资本投入时抱有投机或冒险心理，甚至从事一些违法的高风险活动；合同审查不谨慎，导致某些条款对自身不利、利益受损；当权利受到损害时，维权意识淡薄，没有通过法律途径保护自身权利等。这些都给大学生创新创业活动留下了众多的法律风险。

对于一名刚起步的创业者而言，最重要的是要脚踏实地，从最基础的开始抓起，要有面对困难与挫折的勇气，要有良好的心态、强大的内心以及承受挫折的能力。要对市场有所了解，做好市场调查，对市场环境有科学的分析，否则有再大的决心与毅力也很有可能导致最后的失败。要积极参加学校、政府和社会组织举办的各种创业培训活动，也可以先到成功企业中学习或实习，从中学习产品设计等相关经验和产品开发过程中的知识产权问题，了解其生产经营模式和经营理念，吸取成功经验，运用到自己的创业活动当中去，从而有效规避法律风险。

学生由于特殊身份，普遍没有财产可供抵押，又无银行个人信用记录，所以贷款困难。此时学生应多寻求行政干预和支持，各地针对高校自主创业的学生，在工商注册、小额担保贷款、税费减免等方面出台的各项优惠政策就尤为重要。

大学生必须警惕在创业期间可能涉及的各种共性法律问题。我国大学生创业之所以成功率低，其中一条重要原因是他们缺乏法律风险意识。大部分高校的就业指导课程仅仅包含了创业的基本概念和类型以及国家给予创业的相关政策，对于创业的法律风险和解决措施鲜有涉及。因此，各高校应高度重视对大学生创业法律知识的培养，开设相关的选修课程，严格筛选相关课程的授课教师，对正在创业或有创业意图的大学生进行创业法律知识的宣传教育。相关授课教师对于大学生创业法律教育意义重大，高校应该重视并不断加大对高水平创业法律教师队伍的建设，积极自主培养和对外引进有实践经验和丰富理论储备的高水平人才。各高校要积极响应国家政策，不断提高大学生的创业技能，更要提高创业的法律素养，培养出更多的优秀创业人才；另外，还可以与相关政府部门或社会组织合作，定期开展实践与理论相结合的活动，寓教于乐，知行合一。同时，教师们应积极倡导正确的创业理念，通过讲解真实案例的形式告知创业过程中可能面临的问题和解决的路径，引导大学生早日通过学习与实践成长为一个真正合格的成熟的创业者。

高校创业教育对法律教育的忽视和相关法律服务的缺位，导致创业学生缺乏对创业法律风险的预判和处理能力。为提高创业的成功率和竞争力，高等院校应当利用自身资源优势，承担起建立风险防控机制的责任，通过有针对性的法律教育为学生提示创业风险，提高其用法能力，并搭建法律服务平台，为创业初期的学生提供跟踪法律服务。

现代社会的任何创业行为，都是一种法律行为，必须依照法律程序，得到法律的认可。按创业活动开展的程序，高校学生创业的法律风险可分为创业实体设立时的法律风险、创业实体运营过程中的法律风险、创业实体终止的法律风险。①创业实体采用何种形式设立涉及投资者的个人责任，比如选择个体工商户还是合伙企业，是个人独资企业还是有限责任公司，不同形式的组织和个体，投资者承担的责任是不一样的；②创业组织运行过程中的法律风险，包括企业组织内部治理、合同、税收、票据、产品质量、劳资纠纷、商标专利侵权等方面的风险；③创业组织终止的法律风险，包括未及时注销登记导致创业组织被不法分子冒用的法律风险和创业组织形式为创业者带来的连带债务风险。

总之，创业路上法律风险遍布，而处于创业阶段的大学生由于资金的限制，几乎都没有专门的法律服务团队。这就对创业学生自身的法律意识、法律知识储备和可获得的法律服务提出了要求。因此，开展创业教育的高校有责任、有义务建立创业法律风险防控机制，在法律教育和法律服务方面为学生提供更多的帮助。

（二）从高校角度采取防范措施

高校有必要利用自身资源和优势为创业学生提供有针对性的法律教育和必要的法律支持，有效防控和解决伴随创业过程的各种法律风险和纠纷。首先，对接受创业教育的所有学生开设一门高校学生创业法律实务课程；其次，为进入创业孵化和创业初期的学生搭建一个创业法律服务平台，增强学生的法律风险意识，提供全方位的跟踪法律服务，把创业中的风险降到最低，提高学生创业的成功率和竞争力。

1. 开设大学生创业法律实务课程

（1）授课目标定位方面。高校学生创业法律实务课的授课目标是：帮助学生树立较强的法律风险意识，了解基本的法律知识，掌握必要的法律技能，能解决运营中出现的简单法律问题。授课的目的不在于把高校创业学生培养成法律精英，而是通过学习，学生能增强守法、用法的法律意识，了解创业中基本的法律知识，在发生风险和纠纷时，能依据法律做出正确的判断，并运用法律手段处理简单的法律问题，时时处处意识到法律的存在，既不要违法，也要学会用法律维护自己的正当权益。

（2）课程内容定位方面。大学生创业中涉及的法律规定繁杂，包括民法、经济法、商法、诉讼法甚至刑法，门类众多。基于此，必须要结合高校学生创业的实际问题和特色，选取针对性最强、实用性最高的法律知识。

（3）授课对象定位方面。要明确接受创业教育的学生不一定最终选择创业，绝大部分最后选择就业。由于课程授课对象的普遍性，在授课时要注意用多重视角来分析法律问题，做好创业和就业的内容兼顾。

高校通过开设大学生创业法律实务课程，可以强化创业学生的守法意识、合同意识、维权意识和政策意识。

2. 搭建大学生创业法律服务平台

在创业教育的广阔领域中，课时的有限性和教材的局限性常常成为制约学生全面掌握创业法律知识的瓶颈。面对创业过程中可能出现的各种法律问题，单纯依赖课堂教学显然无法满足学生的实际需求。因此，构建一个功能完善的创业法律服务平台显得尤为关键。

高校作为知识传播的殿堂，通常拥有丰富的法律服务资源，包括法律专业的教师和法律事务专业的学生。这些资源不仅具备深厚的法律理论素养，而且拥有将理论知识应用于实践的能力。法律事务专业更是致力于提升社会服务功能，通过开设法律咨询或服务机构，将法律专业知识与社会需求紧密结合。

将法律服务资源与创业教育相结合，搭建创业法律服务平台，不仅能够有效解决创业学生在法律方面的困惑，还能进一步拓展法学院或法律专业的社会服务范围。这样的平台可以为创业学生提供实时、专业的法律咨询，帮助他们规避法律风险，确保创业活动的合法性和稳健性。同时，这样的服务模式也能够促进法学院或法律专业的师生积极投身社会实践，提升他们的实践能力和社会责任感。

具体来讲，法律服务平台可分为创业法律咨询中心和法律服务所，针对不同阶段的法律问题展开不同的服务。

（1）日常咨询服务，由创业法律咨询中心完成。创业法律咨询中心由法律专业中有律师资格的教师和部分成绩优秀的学生组成，负责解决创业初期的企业在生产管理过程中遇到的基本法律问题，在创业的事前、事中、事后给创业学生提供创业顾问、合同审查、人事管理等方面的法律支持、法律援助，尽可能地将创业的法律风险降到最低。以广东科学技术职业学院为例，人文社科学院的法律事务专业拥有完善的法律咨询服务中心，该中心面向全校师生，每周二安排有律师资格的专任教师轮流值班，为学校师生提供便捷的法律咨询服务。

（2）调解、仲裁、诉讼服务，由法律服务所承接。法律服务所是由法律专业里有律师资格的教师组成的专业团队，具备参与仲裁或诉讼的经验和资格。当创业初期的企业需要通过法律程序解决相关问题时，其可以为学生提供无偿的法律支持（办案费用从学校创业教育经费里支出）。

创业法律服务平台，首先可以为创业大学生提供专业的法律咨询意见；其次，在发生法律纠纷后，可以向创业大学生提供正确的法律引导，团队里具有律师资格的教师更可以及时帮助创业大学生解决遇到的法律问题，包括出具法律意见书，合同审查、规章制度审查，介入调解、诉讼和仲裁等，为创业大学生对企业的规范管理提供法律援助。

高校应利用自身优势资源，开展创业法律教育和法律服务，搭建创业法律风险防控体系。

(三) 从政府角度采取防范措施

高校毕业生是我国宝贵的人力资源。当前，受国际金融危机影响，我国就业形势十分严峻，高校毕业生就业压力加大。各地区、各有关部门要把高校毕业生就业摆在当前就业工作的首位，采取切实有效措施，拓宽就业门路，鼓励高校毕业生到城乡基层、中西部地区和中小企业就业，鼓励自主创业，鼓励骨干企业和科研项目单位吸纳和稳定高校毕业生就业。为支持大学生创业，国家和各级政府出台了许多优惠政策，涉及融资、开业、税收、创业培训、创业指导等诸多方面。创业政策对大学生的创业意识、创业机会以及创业质量都有着显著的影响。因此，研究大学生创业政策对创业教育的开展具有重要意义。

在当前的创业环境中，大学生创业面临着诸多挑战，其中法律风险的防控尤为关键。尽管国家和地方政府在推动大学生创业方面已取得显著成效，特别是在创业氛围的培育和项目孵化上，但尚未形成一套系统的法律框架来全面应对大学生创业过程中可能出现的法律风险。为了确保大学生创业活动能够健康、有序地融入国家的经济结构转型升级战略，建立系统的法律风险防控机制显得尤为重要。

法律风险的防控，首要在于对大学生创业组织进行法律定性，并将其纳入法律监管的轨道。这一过程中，应充分考虑大学生创业的特殊性，给予其适度的成长和发展空间，允许其在法律允许的范围内进行创新和尝试。同时，对于部分可能触及法律边缘的创业活动，应设立合理的自我规范宽限期，以鼓励创业者在实践中不断学习和完善。然而，这并不意味着对严重违反法律的行为放任不管。相反，对于脱离法律监管的"脱轨行为"，必须坚决予以制止和纠正。对于严重违纪违规的创业行为，更是要采取严厉的惩罚措施，以儆效尤。只有这样，才能确保大学生创业活动在法律框架内运行，避免因利益驱使或侥幸心理而陷入违法犯罪的境地。

为进一步完善创业法制体系，政府应积极探索制定专门针对大学生创业的法律风险防控指导文件，如《大学生从事微商创业的法律风险防控指导意见》等。这些文件应涵盖创业氛围的培育、创业认知的提升、创业保障的提供、创业环境的优化以及创业风险的严控等多个方面，形成一套完整的大学生创业法制体系。通过这一体系，政府可以更有效地引导和支持大学生创业，确保他们在法律框架内实现创新创业的梦想。

在探讨大学生创新创业所面临的法律风险时，除了大学生自身的积极应对，政府的角色同样不可或缺。鉴于市场在某些情境下的失灵现象，导致创业环境面临挑战，政府应当通过政策层面的适当干预，来弥补市场的不足。这一策略并非孤立无援，事实上，部分发达国家在推动大学生创业方面已有成功的法律政策先例，值得借鉴。在此基础上，结合我国具体国情，可以吸收其精华，进一步完善我国的法律制度，构建一个以大学生为主体、高校为基础、政府为主导、企业为支撑的具有中国特色的创新创业促进机制。

政府在法律风险防控教育方面应发挥积极作用。一方面，政府应当作为宣传者，全面开展针对大学生的创业法制宣传教育工作，旨在培养正确的创业理念，提升他们的创业法律意识。这种教育不应仅限于法律知识的灌输，更应强调法律思维的培养和法治精神的树立。另一方面，政府应充分利用其宏观调控的职能，制定并实施有针对性的政策。例如，可以制定专门的《高校毕业生创业促进法》和《高校毕业生创业促进条例》，通过立法明确各方在大学生创业过程中的权利与义务，为大学生创新创业提供坚实的法律保障。这样的法律框架不仅能够为大学生提供清晰的创业指导，还能有效规范市场行为，促进创新创业环境的健康发展。

综上所述，大学生创业的法律风险在本质上是不可避免的，但是可以努力降低这些法律风险。这就需要大学生创业者本人、高校以及政府部门同舟共济、通力合作。政府部门和高校都要充分遵从创业规律，切实做好法律风险的防控工作，保障大学生们能够想创业、敢创业、能创业。大学生创业者自身更要努力提升自己的法律素养，知法、遵法，也要会运用法律。只有各方共同努力，才能让大学生创业的权益得以真正实现。提高大学生创业的成功率，对我国经济的稳步增长，市场经济的繁荣发展也具有重要意义。

（四）构建大学生创业法律风险防控体系

1. 增强大学生法律风险防控意识

创业法律风险主要是指创业者在创业过程中，因为创业环境、创业活动本身的复杂性和创业者法律知识、能力方面的有限性，最终创业活动逐步脱离创业目标的可能性。在大学生自主创业过程中，法律风险的存在是危害性比较大的，很多大学生之所以创业失败就是因为没有规避法律风险。鉴于这样的情况，对大学生创业法律风险进行分析，并提出具体的风险防控对策是非常有必要的。

当前大学生创业法律风险出现的原因之一，就是大学生缺乏基本的法律风险防控意识。我国实行的是依法治国的战略，法律在我国各行业中都有崇高的地位，法律的权威性是不容侵犯的。在经济市场中，所有参与到经济市场中的企业、个体等，都需要遵循经济法的法律制度，一旦违反法律，必将受到严厉的惩罚。所以说，在目前的企业、个体经营户发展过程中，企业领导等都对法律法规有一定的了解。但很多大学生在创业过程中，因为其缺乏经验阅历，而且求胜心切，所以在初期创业过程中，会将所有的精力集中在获取经济利益方面，在这样的情况下，大学生就很有可能忽视法律。

大学生在选择创业项目的时候，很少会对项目是否合法进行审查，大多数大学生都只注重经济利益，这样就导致大学生创业项目的选择上存在法律风险。在创业过程中，有些大学生会选择与其他人合伙创业，在这一过程中，大学生往往考虑的是人情，并没有在共同创业过程中拟定具有法律效力的协议文件。当大学生在开创企业或者个体经营过程中受到权利侵犯的时候，大学生不会利用法律来维护自身的权益。正是大学生法律意识的淡薄，导致大学生在创业过程中面临着法律风险。

综上所述，在社会中的大学生数量不断增多的情况下，大学生就业的竞争变得更加激烈。在大学生就业过程中，出现了几十人，甚至是几百人竞争同一个工作岗位，而一部分工作岗位则找不到人的情况，导致此种情况出现的原因有很多，比如说大学生受虚荣心、从众心理的影响等。面对这样的工作竞争，有些大学生在走出校园之后，会选择通过自主创业的方式来证明自己的价值。在大学生自主创业过程中，对其创业结果影响最大的因素就是法律风险。大学生在创业过程中会遇到法律风险，若是不能对风险进行有效防控，那么后果是十分严重的。鉴于这样的情况，大学生就应在创业过程中增强自身的法律风险防控意识，积累更多的法律知识，为创业的成功增添一份助力。

2. 完善大学生创业有关的法律制度

尽管国家积极推动并鼓励大学生创业，但在现行法律体系内，针对大学生创业的专项法律条文显得尤为稀缺。现有的《中华人民共和国高等教育法》《中华人民共和国就业促进法》和《中华人民共和国中小企业促进法》等法律虽有所涉及，但多为宏观层面的系统性规定，缺乏具体针对大学生创业的法律细则。这种法律制度的缺失使得大学生在创业实践中难以找到明确的法律指引，增加了他们在创业过程中遭遇法律风险的概率。

鉴于法律风险的普遍性和不可预测性，构建一个健全的大学生创业法律风险防控体系显得尤为迫切。这一体系的核心在于构建一个全面且具体的法律内容框架，旨在为大学生创业提供明确的法律参考和保障。通过完善相关法律法规，明确大学生创业的权利和义务，规范创业过程中的各种法律行为，可以有效地降低法律风险，为大学生的创业之路提供坚实的法律保障。这不仅有助于提升大学生创业的成功率，还能促进整个社会的创新和创业活力。

（1）完善大学生自主创业具体的法律制度。国家应制定促进大学生创业的小额担保贷款法律，明确主体的权利和义务，适当延长贷款期限和提高贷款数额，简化各项烦琐程序，来保障大学生自主创业的顺利开展。鼓励大学生运用知识成果创业，把科研成果转化为现实的产品服务，提高工业产权、非专利技术在创业企业投资中的比例。在财政、税收优惠政策方面，针对这一特殊创业群体，制定更长的免税期和减税期政策。在政策上支持为大学生创业提供社会化服务的企业，从而间接支持大学生创业，为大学生降低创业成本。针对大学生在自主创业中权益受损的情况，应通过不断完善就业创业法律保障制度来进行救济。

（2）提高就业创业社会化服务水平，促进大学生就业创业。

第一，不断加大各项投入，建立大学生就业创业服务机构，将每个工作机构所需配备落实到位，提高创业大学生公共服务网络化和信息化水平，提高公共就业创业服务社会化水平，重点要不断提升公共就业服务工作的质量和实际效果。

第二，为大学生自主创业搭建优质的现代创业平台，为大学生创造良好的创业发展环境，制定优惠的创业法律政策，积极支持鼓励大学生创业成功。

第三，为适应大学生创业群体对用工的需求，推广灵活多样的劳动用工制度，以及政府政策性补贴。

（3）完善针对自主创业大学生失业保险的法律制度。国家应制定出适合保障大学生自主创业失业救济措施方面的法律制度，消除大学生创业的后顾之忧，使这一群体创业具有稳定性和合理性，促进人才的合理流动。以下是现有的失业保险法律制度改革应最优先解决的问题。

第一，对该法律制度的完善，对该创业群体制定专门的失业救济法律制度，即《失业保险条例》的立法范围扩展到所有的大学生群体，共同构建针对大学毕业生的失业保险制度。

第二，大学生失业保险针对的是大学毕业不到 12 个月，有就业意愿却找不到工作的大学生失业人群。

第三，大学生缴纳失业保险费用，采用自愿缴纳、年度缴纳制的方式更为方便、合理且易于操作，至于缴纳的金额及缴纳的期限由大学生自主自愿选择。

第四，大学生失业保险金的给付时间的长短应与大学生缴纳的保险费用时间长短成正比。

（4）加强就业创业保障立法的权威性和完备性。我国应加强就业创业保障方面的立法。

第一，修改增加宪法中有关就业保障类的条款，以提高就业保障类法律制度的立法层次和立法的权威性。

第二，制定符合中国国情的经济社会需要的《大学生失业保险法》，为大学生就业创业提供专项权益保护。

第三，为社会上弱势群体提供公平就业的机会，制定专项法律制度，提供充分切实有效的法律保障。

（5）完善创业融资担保法律制度。大学生创业融资存在方式比较单一、融资机制不健全、法律对其规定又不合理等问题，因此，为大学生创业创造一个理想的融资环境，完善与创业融资相关的法律措施必不可少。大学生创办企业难以被社会接受认可，通过银行贷款融资获得资金难度大、贷款数目小、门槛高。所以，应由其有固定收入的家庭或直系亲属为创业贷款提供相应的联合担保；可利用现在社会上那些各种创业基金，为大学生创业创造资金来源；还应为大学生技术创新的创业企业提供更优惠的税收政策和法律制度的保护。完善大学生创业主体权利义务的具体内容，充分激发这一群体自主创业、自由发展的活力，为其创业成功保驾护航，有利于实现经济与就业的良性互动发展。

因此，国家应针对大学生创业，制定专门的法律，为大学生创业保驾护航。与此同时，地方政府在鼓励大学生自主创业过程中，也应给予大学生自主创业相应的政策支持，在大学生实际创业过程中提供法律指导，这样有助于大学生更好地在创业过程中发现法律问题，能够有能力规避法律风险。另外，在大学生创立的企业运营过程中，大学生需要依据法律维护自身的权益，在这一过程中，相关部门也应给予大学生法律咨询支持，为大学生依法维护自身的权益提供帮助。

3. 营造法律化的大学生创业环境

高校学生在校期间兼职创业，往往面临两难选择，要在学业与创业之间做沉重的单选题。2017年9月1日正式施行的《普通高等学校学生管理规定》（以下简称《规定》）在鼓励高校学生创新创业方面采取了一些新措施。比如：保留入学资格开展创新创业实践；休学创业；发表创新创业论文或者获得专利授权等可以折算为学分；单独规定休学创业的最长学习年限；可批准创新实践或休学创业的学生转入相关专业学习，降低学生创业的机会成本等。教育部通过制定此项部门规章允许高校学生休学创业，打破学制障碍，让有志于创业的青年不再困惑，但是教育部的《规定》中关于休学创业的内容多为提倡性规范，不是专门关于促进高校学生兼职创业的立法，且内容较为简单和过于原则化。

此外，高校学生课余从事微商创业也成为新兴现象，有些省专门制定规范性文件。例如，吉林省政府办公厅下发《关于发展众创空间推进大众创新创业的实施意见》，明确支持大学生开展创业实践活动，允许在校学生休学创业、微商创业。对高校学生非休学的兼职创业如何规制，其权益如何保障，目前仍然没有相关立法，在《就业促进法》及教育部的规章中都缺乏针对性条款，现有相应的法律规定也较粗疏。总体来说，在当前"大众创业、万众创新"背景下制定一部统一的《创业促进法》，是非常有必要的。

　　首先,《创业促进法》的制定具有重要的社会意义。一方面,《创业促进法》的制定是为促进高校学生创业建章立制。立足于2015年修正的《就业促进法》施行后在促进创业方面的社会效果和经济效果,其需要完善和细化的内容在《创业促进法》中予以体现,《就业促进法》属于普通法,《创业促进法》属于特殊法。此外,《中小企业促进法》《促进科技成果转化法》及其他相关法律、法规和规章中也有一些促进创业的规定,这些规范属于实质意义上的创业促进法,共同构成较为完整的促进创业的法律制度体系,更好地维护高校学生的创业权。另一方面,《创业促进法》的制定是用立法的方式明确、提倡、鼓励创业创新精神。创业创新是促进市场经济发展的内在动力,相关法律制定的根本宗旨之一就是要把创业创新精神写入法律规范,是把抽象的精神内涵具体化、法律化,成为明确的、可资遵循的行为准则。

　　其次,就调整对象而言,《创业促进法》不仅可调整《就业促进法》《中小企业促进法》中涉及的主体以及创业行为,还可以调整高校学生在校期间的兼职创业活动,调整范围更加宽泛。因此,需要制定一部单独的《创业促进法》重点规制各类创业活动,亦包括高校学生休学创业和非休学创业活动。由于《就业促进法》与《创业促进法》在主体及内容上有所不同,国家通过《创业促进法》针对高校学生等创业群体在创业活动中的实体和程序方面的内容,进一步做出更深入的规定,以此来增强法律规范的可操作性。

　　在建立和完善促进创业法律制度的过程中应着重解决以下六个方面的问题：

　　(1) 立法目的和原则。在现行法律法规、规章制度及实践探索的基础上,进一步推动创业活动规范化、法治化,对加强和创新金融支持、完善创业服务、加强创业教育、为创业者提供社会保障和加强知识产权保护等相关内容做出明确、具体的规定，形成完善的法律制度体系，依法促进经济社会发展和创业增长的良性互动。立法明确保障创业权益原则、反创业歧视原则、平等创业原则等基本原则。平等创业是创业法律法规的核心理念和原则，在此基础上，应当明确规定禁止各种类型的创业歧视，诸如性别歧视、种族歧视、残疾歧视、宗教信仰歧视、年龄歧视等，在创业教育、创业培训、创业指导、创业服务、创业融资等各个重要环节，均应当提出禁止的创业歧视事由。

（2）创业融资的金融和财税支持。国家应规定涉及创业融资的具体方式及地方政府在财政预算和税收方面的支持措施与责任。我国在促进创业的立法中关于金融贷款方面可以借鉴法国的立法，向创业者提供无须担保的小额信用贷款，简化贷款手续。鼓励金融机构针对创业者开发多种形式的金融产品，建立风险投资公司、银行等金融机构和创业企业风险共担机制。关于税收方面可以借鉴德国的税法，规定在创业初期对盈利较少的企业给予增值税优惠，放宽高校学生在创业中享受的税收优惠的限制，增加创业税收优惠的税种或者调高创业税收优惠的比例，从而更好地体现税收优惠在促进创业方面的实施效果。规定地方各级政府强化财政预算，加大对创业培训的财政补贴，建立创业促进工作的资金投入保障机制。

（3）创业公共服务。国家应通过立法提倡、鼓励地方政府和高校利用创业孵化园区，为高校学生等创业群体创办企业提供各类创业服务，服务内容涉及日常行政服务、公共设施建设、知识产权咨询、商业网络建立、法律援助等方面。支持建立创业信息服务平台，为创业者提供各类创业信息服务。立法规定通过优化创业公共服务，不断推动各地完善"众创空间"等孵化机构。在遵循市场规则的前提下，培育和扶持一批公益性或市场化专业服务机构，健全创业公共服务体系，为创业者顺利进行创业提供必要保障。

(4) 高校创业教育的价值目标和评估体系。基于我国未单独制定《创业教育法》，可将创业教育内容在《创业促进法》中做出规定，将其纳入高校教育的课程体系，规定开设创业必修课、创业技能选修课，并可尝试开设创业管理学专业，构建理论与实践并重的创业教育体系，将创业教育作为高校人才培养的一个重要目标。规定高校应将培养大学生的事业心与职业能力、创业能力与创新精神等作为高校教育的重要价值目标。规定教育行政主管部门将创新创业教育质量确定为评估高校办学水平的重要指标，建立科学的创新创业教育评价体系，并纳入高校教学与学科评估的整体指标体系。

(5) 执法机构。各级地方政府建立专门的促进平等创业、反创业歧视和维护创业者创业权的执法机构。考虑当前我国地方政府设立独立的反创业歧视机构有较大难度，可以尝试在市场监督管理部门先行设立相对独立的二级机构，专门履行反创业歧视的监督检查职能和职责。该部门在检查监督的过程中，一旦发现市场中发生创业歧视的违法行为，就应当给予必要的处罚，为受害方获得法律救济提供帮助。在日常工作中应当遵循预防与处罚并重的原则，定期发布规章或处罚通告，从而促进全社会树立创业平等观念。

(6) 立法模式。我国可采用专门立法模式，待立法条件和时机成熟后，单独制定一部《创业促进法》。目前也可采取职权立法与授权立法相结合的方式，由最高权力机关授权最高行政机关制定一部《创业促进条例》，或者以行政法规形式制定一部规制特定群体创业的《青年创业促进条例》。再者，可由教育部制定一部专门规制高校学生兼职创业的部门规章，在制度设计上就学生创业准入条件、学校的创业支持、学业和创业关系的协调、创业权保障、学校的监管责任等方面做出具体的规定，为下一步的立法积累经验、奠定基础。此外，也可采用中央立法与地方立法并举的方式，由国家权力机关及其授权的机关制定全国普遍适用的创业促进法律法规，地方权力机关因地制宜，根据上位法并结合本地区的具体情况，有针对性地制定有关促进创业的地方性法规，这样使立法更有灵活性、操作性和可行性。

综上所述，在大学生创业过程中，创业环境是非常重要的影响因素，对大学生的创业是否能够取得成功有着重要的影响。鉴于这样的情况，为了帮助大学生在创业过程中更好地防控法律风险，就应为大学生创造一个法律化的创业环境。政府部门应加强对市场的法律管控，凡是发现存在违法行为的企业，应立即给予严厉的处罚，减少经济市场中触犯法律行为的出现概率。同时，针对一些担保、金融租赁等公司，政府部门还应加强对其信用体系的建设，与金融部门强强联合，共同整治金融市场，为大学生创业营造一个良好的环境。

4. 构建大学生创业法律服务平台

在大学生自主创业过程中，为了大学生在遇到法律风险的时候能够找到正确的应对方法，应构建大学生创业法律服务平台，为大学生提供一些法律方面的政策引导。在此平台建设中，各地域的律师协会、法律援助社团等可以参与到其中，为大学生正确地应用法律维护自身的权益提供帮助。

同时，在大学生创业过程中，创业园以及孵化基地也应发挥自身的作用，在基地中设立法务部，通过此法务部为大学生法律风险的防控提供帮助。另外，在大学生创业过程中，还可以为大学生提供法律咨询、推荐企业法律顾问等，使大学生能够在法律方面得到有效的服务，为大学生更好地防控创业过程中的法律风险提供帮助。

政府和社会在大学生创新创业的实践中发挥着重要作用。在构建创新型国家的发展战略下，政府和全社会应该努力构建与创新型经济相适应的产业政策和公共服务体系。以创业项目和创业活动为载体，构建大学生创新创业法律风险防控平台，提高大学生创业的法律意识，是大学生创新创业法律保障机制的重要内容。

大学生创新创业离不开政府和社会的外部支持。政府有关部门联合高校,以创业项目为载体,整合人力资源、企业资源、司法资源、传媒资源,可以常态化地为高校创业学院或科技园企业提供法律风险整体解决方案,实现法律风险预防从知识体系到实践内容的有效转化。譬如政府和高校可以联合搭建大学生创业企业法律实训平台,将实践中的创业项目融入训练环节,在相关企业人员、司法人员的指导下,模拟企业运作、管理、纠纷解决等情境,让学生在其中体验企业管理状态和法律知识的运用。

第三节 大学生创新创业相关的法律保障

一、大学生创新创业的企业创设相关法律的完善

(一)完善《公司法》对创业公司股权激励的措施

1.《公司法》适用人力资本出资的探讨

(1)设定人力资本准入制度。人力资本可以为公司带来技术创新,从而为公司持续发展提供有力的支持,因此,设定人力资本出资比例限制,对避免营运资金不足,维持公司运作,尤其是储备资金普遍不足的创业公司,实属必要。限制人力资本出资的准入,可以在立法时预见从而一定程度控制人力资本出资可能导致的风险,避免人力资本出资制度对公司经营、行业稳定甚至经济发展产生重大冲击。

(2)设定人力资本出资的评估制度。人力资本评估并不是单纯的技术问题,从法律意义上来说,还需解决人力资本出资评估的规范性和价值选择。要提高人力资本评估结果的通用性和可信性,需要制定统一的评估标准。评估标准应全面考虑人力资本出资者的专业水平、技能、知识、教育等因素，同时要考虑出资者对公司可能贡献的大小，以及健康、信誉等专业技能之外的因素，进而通过科学的技术量化评估结果。人力资本的最终评估结果还应充分考虑其使用者即出资公司的意思。人力资本评估应该尊重出资者和其他股东双方的意思自治。

（3）设定人力资本出资的维持制度。资本维持原则要求公司在日常经营中，须时常保持其公司财产与公司资本额相当。对公司设定资本维持原则是为了避免出现公司随意减资，过度分配公司利润等行为从而导致公司资本长期、大幅、实质性地减少，以保护交易对手、债权人等外部利益相关者的利益，同时保证公司日常经营活动的顺利开展。为了维持公司资本以保护外部利益相关者的利益，同时保证对人力资本出资者的公平，需由公司与出资人约定一定的服务期限或服务绩效。若人力资本出资者希望提前享有完全的股权权利，可以向股东会申请以货币资金或其他允许的财产来替代人力资本的缴付义务，从而成为公司完全的股东。若人力资本出资人想要退出，则必须选择可替换的物力资本以充实公司的资本。对于出资人未履行的出资义务，应当由其自己或者股权受让人以其他资本形式补缴。当然，公司原股东愿意受让人力资本股权，在同等条件下享有优先权。

（4）设定人力资本出资的登记制度。在《公司法》的框架下，股东出资的形式被明确区分为货币资产和非货币资产，而人力资本作为一种独特的非货币资产，在出资问题上一直备受关注。按照《公司法》的逻辑，实物出资需要办理移交或转让登记手续，以确保权益的明确和交易的合法性。然而，人力资本的特性决定了其所有权无法直接转移，仅能通过转让使用权的方式实现出资。

为了规范人力资本出资的行为，有必要建立一套专门的人力资本所有权及使用权的转让、出资登记制度。具体而言，当股东以人力资本使用权作为出资时,应依法办理相应的登记手续。这一登记手续的完成,即视为人力资本使用权的认缴完成。此后,当出资人按照约定完全履行出资义务,即达到约定的期限或绩效要求时,应办理注销登记,以公示其已完成实缴,并解除其相应的义务负担,允许其自由转让剩余的人力资本使用权。

这一人力资本登记制度的建立,对于各方利益相关者均具有重要意义。对于政府部门而言,它有助于在司法裁判中更清晰地界定人力资本的权属问题,提升执法的效率和公正性;对于工商行政管理部门来说,通过公示人力资本出资情况,能有效防止重复出资和虚假出资的现象,维护市场秩序。对于公司而言,人力资本使用权的登记手续能有效证明公司对该使用权的享有,为公司主张相关权利提供了有力支持。而对于外部利益相关者来说,人力资本登记制度及其公示信息有助于他们更全面地了解公司的资本构成和人力资本状况,为其交易决策提供有力参考。

(5)设定人力资本出资的责任制度。与其他出资形式一样,人力资本出资认缴后需承担后续实缴义务。用于出资的人力资本经评估后即以等量的货币资金所表现,也就意味着经评估后的人力资本其出资效果与评估额等额的货币出资效果是相同的。因此,公司破产清算时未足额缴付的出资是能量化且可用货币资金替代的。人力资本与其他出资形式一样,出资人负有未履行或者未全面履行缴付义务的补充清偿责任。虽然债权人或清算小组无法将人力资本变现抵债,但可以要求出资股东以货币资金或其他财产替代人力资本,从而尽补充清偿责任。

随着我国经济社会的发展以及国家提倡产业转型升级,高新技术初创企业不断涌现,技术人才作为这些企业关键要素,不论是技术人才本身还是企业都希望能以其人力资本出资,从而实现双方利益一致,推进企业快速发展。借鉴国外立法经验及我国各地政府的实践经验,在完善相关配套制度的基础上可以有限度地放开人力资本出资,以应对不断积累的市场需求。

2.《公司法》引入授权资本制度的探讨

授权资本制在提供公司经营效率，激活市场活力上具有明显的优势，但我国当前的信用环境和法律环境暂还不适合立即引进授权资本制。为了更好地引进授权资本制还需进一步完善相关制度。

（1）完善法人人格否认制度。股东有限责任与公司法人人格独立确实对股东利益起到保护作用，并促进了投资活动。然而，这种制度也有可能被股东滥用，他们以公司的名义谋取私利，从而损害债权人等外部利益相关方的权益。为了充分发挥公司的效率价值，授权资本制取消了最低注册资本的限制，允许股东延期实缴和分次发行。但这一制度也可能导致公司资本显著不足、出资不实等资本瑕疵问题。

为了应对这些资本瑕疵，保护债权人利益，各国公司法都设立了法人人格否认制度，作为对股东利用公司法人地位逃避债务、损害债权人利益的救济手段。我国《公司法》同样设立了公司法人人格否认制度，但目前的条文多为原则性规定，缺乏具体的实施细则，这不利于法人人格否认制度的具体适用。

公司法应明确列举适用公司法人人格否认的具体情形。例如，公司成立后未按章程约定缴纳出资导致资本不足，或者公司成立后抽逃出资、侵害债权人利益的，应适用公司法人人格否认。同时，应确立明确的资本不足标准。比如，根据公司所在行业及公司规模对应的普遍经验判断，若其当前资本状况可能引发经营风险，则应被认定为资本不足。

（2）完善信息公示制度。授权资本制下，债权人的保护由资本信用转为资产信用。因此，制定完善的公示制度以便于债权人了解公司真实经营状况与资产状况是授权资本所必需的。

公示平台公示内容仅仅局限于企业在工商系统的基础信息，而对于债权人利益至关重要的财务信息、资产信息、纳税信息、担保信息、信用状况、司法信息等均未涉及。上述相关信息分散在工商、税务、人行、法院等政府部门，只需利用计算机网络技术进行数据归集即可满足债权人查询的需求。当然，出于保护公司隐私的目的，亦可探讨利用计算机软件技术，在公司授权的情况下向特定债权人公示。此外，可借鉴美国信用评级制度，在法律允许的范围内，利用大数据技术采集公司经营信息、财务资产信息及资信信息进行征信分析，并对征信结果进行监管、公示和查询，以便债权人或交易对手快速了解公司信用水平。当然，仅有信息公示制度是不够的，必须配合建立虚假信息惩戒制度。信息公示制度的

前提是公示信息的真实性和完整性，但公司与股东作为市场参与主体，必然以其自身利益为出发点，故而难以保证公示信息的准确完整。应建立民事责任、行政责任与刑事责任相结合的惩戒制度，以防止虚假信息的报送。另外，实践中也可能出现登记管理部门的不作为甚至合谋虚假登记。若登记机关无故延迟登记或怠于公示，导致信息更新滞后，可能造成债权人重大利益损失。因此，对相关政府机关不作为造成债权人损失的建立惩罚和赔偿机制。

（二）完善《合伙企业法》关于转变企业组织形式的建议

合伙企业法，通常被认为是我国社会主义市场经济体制下市场经济主体立法的重要组成部分，是规范与公司、独资企业平行的、三种主要企业形态之一的合伙企业的重要法律。

第一，现行《合伙企业法》应对合伙企业转变企业组织形式作出概要规定。根据现行《合伙企业法》的规定，普通合伙企业与有限合伙企业之间可以相互转型。然而，对于普通合伙企业转变为特殊普通合伙企业或个人独资企业，以及有限合伙企业转为有限责任公司、股份有限公司等情形，现行法律未能提供明确规定。此外，对于两类合伙企业间相互转型的条件及程序等问题，现行法律亦未予以明确，存在一定的模

糊性。

该法仅对合伙企业转变企业组织形式作出一些基础性规定，这些规定过于简单，不利于法律意图的深入理解和实务操作的顺利进行。

考虑到我国目前尚未制定关于转变企业组织形式的专项法规，现行《合伙企业法》可以参考《公司法》的相关规定，对合伙企业转变企业组织形式的路径、条件及合伙企业债务的处理等关键事项作出概要规定。其他细节问题可在未来的专项法规中进一步明确。这样，不仅合伙企业，其他类型的企业也能够依法转变其组织形式，为投资者在企业组织形式选择上提供更大的自由度。这将有助于优化资源配置，促进经济的进一步发展，具有重要的现实意义。

第二，合伙企业转变企业组织形式的条件要求及合伙企业债的处理。合伙企业转变企业组织形式是在不中断合伙企业营业的前提下，实现企业组织形式快捷转变的过程，实质上就是将合伙企业解散和创设新型企业两个独立的法律行为合二为一，不经解散、清算和重设环节，在维持企业永续性的同时，力促合伙企业转变企业组织形式的目标高效实现。

公司制企业与非公司制企业转换过程中可以通过原企业的解散、清算和注销程序进行，在此基础上再按投资者的意愿重新开办设立新的企业，即先行退出（注销），然后按拟定的企业类型设立登记。这种做法虽保障了交易安全，但制度成本过大，且不利于组织体的稳定。因此，理性的做法是在不违反法律规定，并能稳妥地解决投资者、经营者、债权人这些利益相关者利益的基础上，通过变更企业组织体达到维持企业组织体稳定之目的。其最大利处在于简化程序与降低成本，接近和达成博弈论中的帕累托最优，以最终实现社会资源的优化配置。

无论合伙企业转变为何种企业组织形式，都可以在一定程度上看作解散原企业创设新企业的过程。因此，合伙企业在转变企业组织形式时，应符合拟转变的企业组织形式的法定设立要件，否则，就会出现企业创设上的"差别待遇",这对初次设立该类企业的投资人是极不公平的。同时,合伙企业转变企业组织形式,也可看作是在原合伙企业的基础上创建新的企业组织形式,这就意味着该合伙企业并未丧失其市场主体资格,它不过是以全新姿态存在于社会现实中而已,与原合伙企业有关的债权债务关系并不消灭,它将自然延续,由转变后的企业组织形式承受。

二、大学生创新创业的企业融资相关法律的完善

(一)直接融资法律的完善

金融业的发展是现代经济发展不可缺少的一个部分,健康完善的金融市场对于企业的发展有重要的作用。良好的金融秩序需要配套的法律法规来支撑,新中国成立以来,与西方发达国家相比,我国在金融领域的法律法规建设相对不健全、不完善。应该多多借鉴国外的经验和教训,逐步消除我国在该方面存在的种种缺陷与不足,完善我国有关中小企业融资的法律制度,切实保障融资方面的合法权利,进而实现我国金融市场的健康快速发展。

1. 资本市场的设计

我国为促进经济发展,建立了相应的资本市场。然而,我国资本市场上股票发行的程序相对繁琐,且发行成本较高。中小企业由于规模限制,往往难以承受较高的融资成本。为了促进我国中小企业的健康发展,有必要简化股票发行程序,改革股票发行的审核制度,实行股票发行注册制,以推动金融市场向全面多层次的模式发展。在相关法律法规的框架下,应健全我国中小企业金融市场,使其成为中小企业直接融资的主要渠道。

国家为了便利那些不能在主板上市融资的中小企业,设立了中小企业板。截至目前,深交所已有数百家企业通过中小企业板块进行融资,从而获得了资金支持。新三板主要服务于中小企业,被誉为中国的纳斯达克。该政策的实施降低了挂牌标准，使更多有融资需求的企业能够获得融资机会，使众多中小企业得以进入资本市场。中小企业板拓宽了企业的融资渠道，增强了企业的资本实力，对我国企业的现代化改革和产权结构的明晰界定起到了积极的推动作用。它还促使企业根据实际情况制定长期发展计划，避免短期利益驱动的非理性行为，从而保护了企业所有者的合法权益。

尽管中小企业板主要服务于中小企业，但对企业的资格审查依然设有一定标准。这要求中小企业进行必要的企业制度改革，优化经营管理模式，以提高盈利能力，赢得投资者对企业发展前景的信心。这些措施也为中小企业的健康发展创造了有利条件。

2. 改革证券的相关制度

债券和股票是西方发达国家普遍采用的直接融资渠道，其优点在于可以很好地分散金融风险。债券的本质是一种债券凭证，它是由具备相关资质的国家政府、金融机构或企业向债券承接者发放的，并且支付一定利息的债权凭证，从而实现筹措资金的目的。债券作为融资工具的优点在于，它可以很好地保证利息费用的可知性，并且大大降低企业的融资成本。

改革开放以来，我国加大了对大型企业股份制改革的重视程度，因此当企业需要进行融资时，往往会选择进行股权融资，这是因为发行股票有两点优势：①能够较方便地以低成本筹措到企业需要的资金；②企业融资在发展过程中，还同时实现了国家的改革目标。

发行国债主要有两个优势：①有利于减少财政赤字；②对于国家大型项目的建设，以及社会福利的工程建设起到了筹措资金的重要作用。企业发行债券进行融资会导致国家的收益比缩小，所以企业在进行融资活动时常常遭受冷遇。令人费解的是，我国曾多次下调利率，理论上说这势必会刺激企业债券的发行，但事实却相反。由此可见，对于企业债券发行的相关理念与制度的设计，必须要使其能够很好地适应市场需求的变化。

要想使中小企业十分便利地进行债券融资活动，对我国当前实行的《企业债券管理条例》进行修订和完善是很有必要的：①应该扩充企业债券的种类，这样可以为投资者提供多元化的选择，从而提高投资者的积极性；②简化中小企业在一级市场上市的手续，同时降低上市的门槛，从而降低投资者的投资成本，提高企业债券市场的活跃度。

在我国当前的国情下，中小企业具有其特殊性：①应该对债券额度限制进行放宽，并逐步将其取消；②丰富我国金融交易市场的生态构成，对相关信息的披露制度进一步完善，并且根据中小企业所具有的特点专门制定相关的发行标准；③债券的发行应该进行多元化的改革，使中小企业成为债券发行的主体；④应该对公司债券的审批制度进行改革，取消政府对企业债券进行审批的权力，只有这样才能保证市场上发行债券数既是公司拟发行的数量，同时又可以保证企业债券本息偿付的顺利实现，增强政府的信用，培养投资者对市场的敏锐观察力。

(二) 间接融资法律的完善

为了解决中小企业进行间接融资难的问题，我国实施的《中小企业促进法》中有这样的规定：政府应该为提高对中小企业的信贷支持创造良好的环境，从经济环境上着手解决中小企业的融资难问题，同时从央行到地方商业银行都应该提高对中小企业在融资方面的支持。为达到这个目的，目前我国的商业银行都已经针对中小企业的特点专门建立了相关的中小企业信贷部门。但是要从根本上解决中小企业融资难的问题，必须制定并实施系统的专门法律法规，而不是仅仅靠《中小企业促进法》就能完成的。

1. 设立发展政策性银行

在我国目前的经济环境下，中小企业相对于国企以及其他大型企业往往处于弱势，如果任由中小企业完全依靠自身发展，则很难实现健康的成长。所以在融资及其他政策方面，政府都应对中小企业有所照顾与倾斜，可以通过设立专门的政策性银行，扶持我国中小企业稳定发展。政府应该主导制定关于政策性银行专门的相关法律法规，从而可以避免在建立政策性银行时可能面临的法律尴尬。我国在多年前就已经成立了政策性银行，但却只是下发了少量的通知、决定等零散的政策指导，没有出台系统的专门性法律法规，市场经济的快速发展与立法的相对滞后，要求尽快制定实施与政策性银行相关的法律，并配套成立相关机构。政府应该尽量多在基层铺设相关网点，并且给予一定的自主性，使企业与银行之间可以经常进行面对面的交流，增进彼此之间的信任感，最终解决中小企业贷款难的问题。在资金的来源方面，应该积极利用各方面可利用资金，拓宽融资渠道，鼓励地方政府与民间资本积极参与，并给予一定的政策优惠。

2. 完善信用制度

中小企业在日常的经营管理过程中需要向银行进行借贷，且企业信用不足时则需要一种专门的信用机构为企业的信用进行担保，这种服务就是信用担保，企业利用担保服务并支付相应的担保费用。

有关我国企业借贷的相关规定有《中小企业信用担保体系试点》《中小企业融资担保机构风险管理暂行办法》和《中小企业促进法》等。健全有关信用担保的法律制度，可以有效地为银行规避资金风险提供保障，进而达到解决中小企业融资难的问题。完善信用制度可以从下面方面着手：

（1）加大在信用方面的立法力度，建立有关的法律体系。应该：①明确信用担保的概念，制定合理的担保范围，提出基本的担保原则；②明确规定相应的法律程序以及资质条件，并确定担保业务的范围种类；③对企业通过信用担保获得的资金做出一定的规定，并且还应从法律上对其资金使用进行相关的规定，使法律的覆盖面更广、体系更完善，使资金的安全性更高。

（2）在法律范围内建立信用担保机构。在解决企业融资难的问题上，担保机构可发挥重要的作用。这样的担保机构一般分为两类：①由政府直接出资建立，其性质是低收费或非营利的，并且业务具有单一性，即成立目的是帮助企业进行融资，仅仅提供贷款担保的相关业务；②由社会其他资本出资成立商业性担保机构。信用担保的性质及其在经济发展中的重要作用，决定了其具有长期性的特点。

三、大学生创新创业的企业财税相关法律的完善

（一）以抓大放小促进税收管理体制

从横、纵两个维度促进税收管理体制完善，一是建立横向税务、海关、科技等跨部门协调机制。以科技部门为核心，建立非正式的科技、税务、海关等相关部门联席会议，强调税务、海关等相关部门对促进科技创新型企业技术创新的支持，提高各部门协调效率。二是纵向优化税收管理程序，赋予地方税务部门决策建议权。为促进科技创新能力提升，地方管理部门必须结合地区实际，出台相关税收优惠规制。基于目前税务部门的垂直管理体系，一方面，可建立税务部门事务审批电子化信息系统，提升基层税务部门临时事务审批效率，及时反馈基层税务部门与科技部门政策协调中出现的问题，寻找解决方案；另一方面，未来可逐步增加基层税务部门在协调科技部门相关政策中的权限，提高基层税务部门决策的灵活性。

（二）以细化产业分类建立有效的企业增值税抵扣链条

针对目前科技创新型企业增值税征收中存在的问题，应做到以下方面：

第一，细化产业分类，对主要新兴高科技产业部门实行分类管理。

税务部门应协同科技管理部门，及时把握现阶段新兴产业发展动态，制定促进新兴产业发展的税收优惠政策和条例。促进企业建立有效的抵扣链条，对于暂时无法建立有效抵扣链的产业部门，则可推行最高实际税率政策，减轻企业税负，提升企业创新积极性。

第二，细化增值税抵扣范围及抵扣项目，建立有效的增值税抵扣链条。一方面，降低小规模企业增值税开具成本，拓宽科技创新型企业增值税抵扣范围；另一方面，则需要根据不同行业企业特征，细化主要研发投入项目的抵扣管理办法，如出台研发中人工投入成本的抵扣管理细则，为不同行业科技创新型企业增值税抵扣链条的有效建立提供指引。

第三，从长期发展而言，应逐步降低增值税在税收体系中的比重。加快完善地方税体系，培育地方主体税种，逐步提高直接税在税收收入中的比重，逐步弱化增值税对企业经营的影响，简化税收管理机制。

（三）科研人员个人所得税征收管理

完善科研人员个人所得税征收管理办法，应以降低个人所得税为核心，对其技术创新形成有效激励，提升科技人才技术创新的积极性，在此基础上，结合地方所得税管理实践，分步骤推进。一是改进技术转让个人所得税征收方法。一方面可采取扩展征税递延期的方法，给予技术产业化经营更长时间限度，提高在项目获利后再征税的概率；直接降低个人所得税税率。对于属于国家鼓励发展的高科技新兴产业企业或相关科研部门技术人员的成果转让所得现金或股权，不再按照工资薪金所得累进征税，而是按照偶然所得，实行20%的税率。

（四）简化税收征管管理体系减少企业交易成本

繁复的税收管理方法分散了企业精力，增加了企业交易成本。一是从长期来看，税务管理部门应以降低科技创新型企业税务负担为目标，简化明晰税收征管体系。同时简化各类别税收优惠措施，建立简单清晰的普惠性税收优惠办法。

总而言之，科技创新是我国建设现代化经济体系的战略支撑，企业是创新的重要主体，而税务负担对科技创新型企业经营成本产生直接影响，并最终影响企业技术创新的积极性。针对税收优政策的问题，亟须深化税收制度改革，既抓大放小，又粗中有细，多层次、分步骤、分行业，完善税收政策和规章，为促进企业科技创新提供有效保障。

四、大学生创新创业的企业科技创新相关法律的完善

（一）专利实体法

1. 增强对高新技术创新成果的保护

科技的发展日新月异早已超出原有专利所涵盖的范围。新增的专利权类别相继出现，如计算机程序发明专利、生物技术专利、植物专利等。高新技术创新的发展需要专利扩大保护范围。因此，从这个角度出发完善专利制度对高新技术领域技术创新的保护和激励十分必要。主要注意以下方面：

（1）建议考虑对高新技术创新成果专利保护期限进行相应的调整。专利制度对专利权的保护是有一定期限限制的，并不是无期限的保护。我国专利法明确规定发明专利权的期限是20年，实用新型和外观设计专利权的期限是10年，均自申请之日起计算。过了专利保护期的专利就进入公共领域，人们可以自由地使用。这一方面有利于该项技术创新的实施和推广，另一方面也有利于创新者对该技术进行更高水平的创新研究。但是对某些高新的技术创新成果如生物技术领域的技术创新成果，也统一采用普遍的标准进行保护就显得有些不妥。因为这些技术创新的更新换代周期十分快，也许还没有到保护期完结，该技术早已被新的技术创新代替了，再用专利对其保护就显得没有必要。同时，对有些高新技术领域内的技术创新成果的保护很容易形成垄断，给技术的扩散和推广带来阻碍，不利于全社会的技术创新研究。而且像基因技术这样的创新发明比较特殊，关系到全社会的共同利益，所以在保护机制上也应当有别于一般物质。因此，建议对类似的高新技术创新发明的专利保护期限可以适当缩短，如7~10年均是可考虑的范围。这样既能保护好技术创新者的利益，又能维护好社会的公共利益。

（2）进一步明确对生物技术领域技术创新的专利法保护和特别法保护。对基因生物技术的保护是生物技术保护的一个重要保护内容。我国已在北京和上海建立了具有先进科研条件的国家级基因研究中心，其中某些研究已处于世界领先水平。对基因的保护不仅是国际上大势所趋，也是我国科技发展的必然要求。但要注意区分清楚发现与发明的关系，区分清楚哪些是专利可以保护的对象。参照国际上的经验，有关基因序列或基因序列某一部分的发现属于科学发现，不应取得专利。利用技术方式分离出来的基因、被纯化的DNA片段可以获得专利权。另外，与基因相关的一些发明，如通过基因方法获得的产品、基因方法等可以获得专利权。同时我国的专利制度对菌种的保藏问题，也应有相应的规定，通过严格的审批、检疫、控制程序，防止菌种泄漏产生不良后果。

2. 增强专利的强制许可

强制许可是指国家主管专利的机关可以不经专利权人的同意，通过行政申请程序允许申请者从事专利权人专利权范围内的行为的一种许可制度。它是相对"自愿许可"而言的。两者的区别在于：自愿许可的受益者获得专利实施权是基于专利权利人的同意，充分体现了专利权人的意思；强制许可则是依据国家法律基于国家强制力，由国家专利主管机关授予的许可。没有考虑专利权人的主观意愿。通常涉及一个国家国防、国家经济、整体利益、公共卫生、生态环境等领域的专利对一个国家的生存、稳定与发展具有特殊的意义。因而强制许可一方面充分考虑专利权人有足够的时间和机会收回投资，并获得收益，激励他们的技术创新积极性；另一方面又权衡了个人与社会整体的利益。

关于强制许可我国做了比较系统的规定,既有法律的也有行政法规、部门规章的,通过现行的《专利法》《专利法实施细则》《专利实施强制许可办法》等建立起了一个关于专利强制许可的制度体系。根据我国现有的情况对强制许可制度的完善可以从以下三个方面进行考虑:

首先,制定一个兜底条款。我国《专利法》《与贸易有关的知识产权协议》及其他法律对强制许可的情况做了列举,但这并不可能穷尽所有可以实施强制许可的情况。因此,我国可以在专利对强制许可的立法中增加一个兜底性条款,如"以及根据所有国际协议可以实施强制许可的情况"。

其次,制定一个政府使用条款。根据《与贸易有关的知识产权协议》的政府使用条款:允许成员方政府在全国性紧急状态或其他特殊情况或为公共利益的非商业性目的情况下发布强制许可,并且不需要在发布前与专利权人协商。

最后,明确补偿额。我国《专利法》规定:取得实施强制许可的单位或者个人应当付给专利权人合理的使用费,其数额由双方协商;双方不能达成协议的,由国务院专利行政部门裁决。但到底多少才是合理的,我国法律却没有规定。这样不明确的规定必然给强制许可的实施带来障碍。因而建议我国可以考虑明确补偿费的计算标准和方法。参考其他发展中国家的规定制定出适合我国的标准和方法。

3. 明确专利制度对可持续发展的规定

我国《专利法》中的规定体现了可持续发展的思想。根据《专利法》,对违反国家法律、社会公德或妨碍公共利益的发明创造,不授予专利权。这表明,任何对公共利益有害的技术创新成果都不能获得专利权。公共利益应涵盖经济效益、社会效益和生态效益,而不仅仅是单一方面。例如,即使某项技术创新成果符合新颖性、创造性、实用性标准且具有经济效益,但如果对环境造成重大污染或破坏,在我国也无法获得专利保护。我国加入的《与贸易有关的知识产权协议》中也有关于可持续发展思想的明确规定，允许成员国排除那些违反公共利益和社会公德的发明专利，明确指出公共利益和社会公德包括保护人类、动植物的生命及健康，以及避免对环境造成严重污染。

仅依靠我国现有的规定来体现专利制度中的可持续发展思想是不够的。因此，建议在《专利法》或其实施细则中更明确地提出可持续发展的思想，特别是对生态环境效益的保护。可以参照《与贸易有关的知识产权协定》的规定，在我国《专利法》或其实施细则中明确指出公共利益包括公众对生态环境所享有的利益。

此外，在专利授予过程中，应增加对生态安全的防范，强调技术创新成果的发明、使用和推广应以无害于环境为前提。专利制度应对可能给生态环境带来负面影响的技术创新进行适当审查，对那些可能造成巨大破坏或需要消耗大量资源的技术创新坚决不授予专利权，以确保技术创新活动不对生态环境造成污染或破坏，也不造成资源浪费。

鉴于我国实施的可持续发展战略，不能走先污染后治理的老路，而应在发展中兼顾经济、社会、生态的和谐发展。一些有益于环境保护的技术创新成果，如清洁生产和减少废料的生产工艺技术，对可持续发展具有重要作用。专利制度应积极激励这些技术创新的开展，鼓励投资于这些活动。在专利制度中，可以适当给予这些技术创新发明成果以倾斜政策，例如减少专利费用，以加大专利制度对这些技术创新的激励作用。

（二）商标法的相关规定

1. 商标使用权出资的合法性

制定法律，通过具体的法律条文明确商标权人以许可使用方式出资的合法性。且法律应该明确规定商标使用权出资和商标所有权出资属于并列关系，无先后优劣的区别，赋予商标权人绝对的自由选择权，商标权人可以选择任意其觉得合适的方式出资。由于出资涉及双方利益，出资人和被出资公司均有自己的利弊考量,故出资过程中一定会有一个协商过程,势必可以通过市场需要确定一个最为合适的出资方式。

2. 商标使用权出资规范登记制与信息公开

登记含两方面的内容:①权利的来源过程;②权利的出资过程。登记公开一方面,是为了确保权利的合法性,另一方面,是为了确保交易第三人的知情权。关于权利的来源过程,商标权属于知识产权的一种,具有无形性的特征,使得其较一般有形物来说可靠性更差一些,故各国法律均规定商标权的取得需要经过法定的登记程序,登记是商标权人获得商标权的强制性要件。为了保证权利的合法性,可要求权利人出示相关的权利证书,如商标的注册证或是商标转让合同书等。关于权利的出资过程,由于出资方式的多样化和比例限制的取消,出资的方式、出资的作价及出资所占的比例均需要进行登记,便于交易第三人足够了解公司的出资情况,从而决定是否要进行某种交易。不论是权利的来源还是权利的出资以及一些重要的出资信息的变更不仅应在有关的行政机关登记而且要能在相关网站查询其是否合法、有效,才能真正保证交易第三人的知情权和监督权。

3. 商标使用权出资限制性规定

商标使用权出资和商标所有权出资相比,具有更大的不确定和风险性,从维护交易安全、平衡各方利益的角度出发,应该对其做出更多的限制性规定。首先是许可使用方式的限制,应规定仅能采用独占许可使用的方式出资;其次是对使用权出资时间的限制,应规定使用权出资的时间和商标所有权存续的时间一致,若是公司先于商标权的存续时间破产或是不复存在,商标权人并不当然获得商标的使用权,而需要支付相应的对价才能重获商标的使用权,这样才符合出资的基本原则。此时,规定商标权人对商标使用权有优先购买权,若是商标权人无收回商标使用权的意图,公司可以将商标使用权折价或拍卖给其他主体。

(三) 著作权法的相关规定

1. 对技术保护措施的分类保护

我国的技术措施虽然包含了控制使用措施，但相关规定以概括方式定义，确实会导致法律适用上的困难。禁止直接规避控制使用的技术措施，若不加以明确区分，可能侵害社会公众合理使用的权益，从而影响权利人与社会公众之间的利益平衡。目前，我国尚未对技术措施采取明确的区别保护。

为了满足我国当前著作权产业的发展需求，应当对技术措施进行分类保护，并针对不同类型的技术措施分别给予不同程度的保护。这不仅能促进法律的适用，还能从根本上解决适用法律过于抽象的问题。

我国当前对于技术保护措施的规定与欧盟的相关规定有相似之处，即全面禁止规避技术措施的行为。然而，考虑到我国作为著作权进口大国的国情，如此高度的保护程度可能与我国当前的基本国情不符，对著作权产业经济发展可能产生不利影响。

从利益平衡的角度分析，保护作品的著作权人的正当利益是首要前提，但这一保护不应与我国著作权法和其他法律法规相冲突。对于普通使用者而言，法律禁止间接规避行为可能并不必要，因为普通使用者通常不具备规避技术和设备。因此，仅仅针对规避控制使用技术保护措施的行为加以禁止，已足够保护著作权人的专有权利。

2. 合理利用制度的保障

各个国家均在著作权的技术保护措施制度中设置了合理使用制度，但是若是合理使用与技术保护措施的例外只是拥有被动的防御，那么在实际适用中可能无法实现，因此就对著作权权利人提出一定的要求，需要相关权利人为了保证例外的实施而提供适当的便利，同时要求对因实现例外制度而采用的技术措施进行适当保障。我国法律中著作权人的权利是很灵活的，然而对于合理使用则做出了严格的限定。法律在这一方面有所突破，对于合理使用的情形规定了兜底条款，这对于在数字环境下作品的保护的复杂局面有一定的指引性。

美国曾经为了保护消费者知情权，要求在法律中规定权利人有对其采用的技术保护措施进行披露的义务，因为内容产业的抵制未曾通过；法国也曾经有过类似的规定。然而，披露信息的最终目的是保障合理使用制度的实现，建议在暂时复制、数字图书馆与远程网络教学方面做出相应的规定以支持合理使用制度。

3. 拓展技术措施的法定例外

著作权法的保护范围不断扩大，以应对数字化、网络化带来的挑战。然而，这种保护力度的增强，不应忽视社会公众的利益和公共文化的繁荣。在保障创作者权益的同时，扩大技术措施的法定例外，成为维护这一平衡状态的重要策略。

法定例外，作为著作权法中的一项重要制度，旨在合理限制著作权的行使，确保公众能够在特定情况下合理使用作品，促进知识的传播和文化的交流。在科技迅猛发展的今天，传统的法定例外已不能完全适应新的需求，因此，有必要对其进行适当的拓展和更新。

拓展技术措施的法定例外，意味着在特定情况下，公众可以绕过技术措施的限制，对作品进行必要的访问和使用。这种拓展并不是对著作权保护的削弱，而是在保护与创新、公平与效率之间寻求一种更为合理的平衡。它允许公众在遵守法律规定的前提下，更加便捷地获取和使用作品，从而推动文化的繁荣和社会的进步。

当然，拓展法定例外并非毫无限制。在制定具体的例外规定时，应充分考虑著作权人的合法权益，确保他们的创作成果得到应有的尊重和保护。同时，也应加强对公众的教育和引导，提高他们的法律意识和文化素养，避免滥用法定例外造成不必要的纠纷和损失。

4. 引入开放式条款

在著作权法领域，技术的飞速发展使得传统的法律规定显得相对滞后。特别是对于技术措施的保护例外，我国法律目前尚未形成一套灵活、公正且实用的制度。鉴于此，借鉴域外先进经验，在著作权法中引入开放式条款，成为摆在面前的重要课题。

开放式条款的引入，意味着法律不再对技术措施的保护例外采取一成不变的规定，而是授权某个特定机构，根据社会公众的现实需求和科技的发展水平，定期对这些例外进行检查与修改。这种机制的建立，不仅使得我国的反规避制度更加灵活，能够迅速适应技术发展的步伐，同时也确保了制度的公正性，因为它始终围绕社会公众的利益展开。

通过开放式条款，能够实现法律与技术发展的同步。随着新技术的不断涌现，一些传统的技术措施可能已经不再适用，而新的技术措施又需要得到保护。此时，开放式条款所授权的机构就能及时对这些变化做出反应，对技术措施的保护例外进行相应的调整。

此外，开放式条款还能增强反规避制度的实用性。在以往，由于法律规定的僵化，社会公众在面对不合理的技术措施时往往束手无策。而开放式条款的引入，则使得社会公众可以通过法律途径，要求相关机构对不合理的技术措施进行检查和修改，从而保障了社会公众的合法权益。

参考文献

[1] 薄守省. 国际商法 [M]. 北京：对外经济贸易大学出版社, 2019.

[2] 陈金钊. 作为法治原则之法律的体系性 [J]. 济南大学学报（社会科学版），2024，34（01）：124-136.

[3] 陈景辉. 法律渊源：这个概念如何有意义？[J]. 北京大学学报（哲学社会科学版），2024，61（03）：154.

[4] 楚涵. 民法典时代的商事代理制度构建 [D]. 太原：山西大学，2023：2-12.

[5] 邓超越，孙晓光. 大学生创业的法律风险及教育实施策略 [J]. 中国高校科技，2018（3）：39-40.

[6] 董雪鹏. 论法的规范作用在法律作用中的有限性 [J]. 法制与经济，2016（12）：204.

[7] 房圣康，李楠. 社会主义民主的演进历程、根本超越及建设路径 [J]. 中州学刊，2024（05）：18.

[8] 郭泽强. 刑法行为人主义的辨析及其价值 [J]. 现代法学，2023，45（3）：170-184.

[9] 胡珺，叶秀甫. 大学生创新创业法律保障制度建设研究 [J]. 产业与科技论坛，2020，19（16）：35.

[10] 黄婕. 贸易救济法下的同类产品的认定 [J]. 学理论, 2011 (25): 68-69.

[11] 黄琨.《公司法》中发起人出资分期缴纳的再思考——以募集设立的股份有限公司为视角 [J]. 现代经济信息, 2013, (07): 199.

[12] 姜涛. 个案论题式刑法教义学之提倡 [J]. 国家检察官学院学报, 2023, 31 (6): 110-130.

[13] 姜伟. 全面深化改革与全面推进依法治国关系论纲 [J]. 中国法学, 2014 (06): 25.

[14] 金泽刚. 刑法修正与法益多元化理论 [J]. 东方法学, 2023 (6): 141-153.

[15] 雷厉. 大学生创新创业的法律保障机制研究 [M]. 成都: 四川大学出版社, 2021.

[16] 李娜. 国际贸易法 [M]. 西安: 西北大学出版社, 2020.

[17] 李莹莹. 中国刑法溯及力现状研究 [J]. 法制与社会, 2021 (01): 178.

[18] 李宗富, 张倩. 境外部分国家档案利用救济法条对比分析及其启示 [J]. 档案管理, 2022 (01): 105-108.

[19] 廖芳. 大学生创新创业法律风险防范意识培养机制 [J]. 社会科学家, 2021 (2): 131-135.

[20] 林巧. 大学生创业法律风险及防范机制 [J]. 教育与职业, 2016 (11): 75-77.

[21] 刘建民, 陈和平, 郑国洪. 论企业集团与其上市公司关联交易的法律规制 [J]. 现代财经 (天津财经大学学报), 2008, 28 (12): 84-87.

[22] 刘伟. 个人独资企业和一人公司的税负差异 [J]. 财会月刊 (会计版), 2014 (12): 112-114.

[23] 刘昕. 国际商法对"一带一路"倡议的促进作用 [J]. 中国商论, 2019 (10)：217－218.

[24] 刘岳川. 法律制度对创业创新机制的作用 [J]. 上海师范大学学报（哲学社会科学版），2017, 46 (02)：60－69.

[25] 马凤春. 传统中国法的创制与运行 [J]. 政法论丛，2009 (03)：44－48.

[26] 孟国碧，王德斌. 论高校大学生创业中的法律风险及对策 [J]. 理论视野，2012 (10)：76－78.

[27] 欧阳本祺，秦长森. 积极刑法观的实践修正与功能完善 [J]. 东南大学学报（哲学社会科学版），2023, 25 (2)：70－82.

[28] 秦康美，王奇. 个人独资企业营业转让法律问题探析 [J]. 福建论坛（人文社会科学版），2009 (3)：112－116.

[29] 秦前红. 宪法至上：全面依法治国的基石 [J]. 清华法学，2021, 15 (02)：5.

[30] 童瑞杰，童梦婕，李虹辰. 法律环境、公司治理与企业社会责任 [J]. 商业会计，2019 (8)：30－34.

[31] 韦经建，王小林. 论国际经济法与国际商法的学科分立 [J]. 吉林大学社会科学学报，2005, 45 (6)：138－144.

[32] 向前，曾彦，张玉慧. 国际商法：起源、发展及其精神 [J]. 社会科学家，2009 (3)：93－96.

[33] 谢仁海. 风险理论视角下的大学生创业法律保障机制研究 [J]. 高校教育管理，2017, 11 (6)：53－59.

[34] 徐驰. 商事登记法律制度研究 [D]. 北京：外交学院，2015：8－15.

[35] 许晓辉，李龙. 大学生自主创业的企业法律形式选择 [J]. 高等农业教育，2009 (6)：75－77.

［36］杨彩霞. 论刑法空间效力的法律性质——兼论效力冲突之协调［J］. 武汉大学学报（哲学社会科学版），2010，63（03）：434.

［37］姚瑶. 公司型社会企业的中国化：法律定位与监管逻辑［J］. 河北法学，2019，37（7）：78－88.

［38］印波. 民营企业产权的刑法平等保护［J］. 法学杂志，2024，45（3）：20－38.

［39］张国妮. 论在法的运行中法律概念的界定［J］. 社科纵横，2012，27（03）：57.

［40］张冀鹏，王利，程胜. 大学生创业法律风险防控研究［M］. 郑州：河南人民出版社，2020.

［41］张娟娟. 论大学生创业的法律风险及防范措施［J］. 中国成人教育，2017（17）：85－87.

［42］张秋艳. 个人独资企业和一人有限公司的税负差异与纳税筹划［J］. 财会月刊（综合版），2012（10）：34－35.

［43］张曙光. 中国刑法总论精义［M］. 上海：上海三联书店，2022.

［44］赵柳欣. 法的本质研究［J］. 焦作大学学报，2015，29（04）：87.

［45］赵万一. 资本三原则的功能更新与价值定位［J］. 法学评论，2017，35（01）：83.

［46］周颖. 大学生创业的法律风险及化解方案［J］. 人民论坛，2018（27）：92－93.